proyecto

52

comparte la historia

Proyecto 52

Publicó Para

Life Bible Study, LLC es un editor Cristiano sirve las iglesias y las comunidades
Cristiano para avanzar el evangelio de Cristo Jesús, hagan discípulos como
nosotros vamos.

Life Bible Study, LLC
5184 Caldwell Mill Road Suite 204-221
Hoover, AL 35244

Para copias adicionales o órdenes de la cantidad por favor llame al número:
1-877-265-1605 o pedir a www.lifebiblestudy.org/timetorevive

1 2 3 4 5 / 21 20 19 18 17
Impreso en China

TABLA DE CONTENIDO

DUPLICARSE: UNA GUÍA PARA EL DISCIPULADO.........5

PROYECTO 52: COMPARTE LA HISTORIA................. 19

1: CREACIÓN 20/177

2: NACIMIENTO DE JESÚS 23/178

3: LA CAÍDA 26/179

4: EL BAUTISMO DE JESÚS 29/180

5: EL DILUVIO 32/181

6: LA TENTACIÓN DE JESÚS 35/182

7: LAS NACIONES................... 38/183

8: JESÚS LLAMA A LOS DICIPULOS 41/184

9: ABRAHAM................... 44/185

10: JESÚS SANA AL PARALÍTICO.................. 47/186

11: ISAAC 50/187

12: EL SEGUNDO NACIMIENTO DE NICODEMO 53/188

13: JACOB 56/189

14: LA MUJER DEL POZO 59/190

15: JOSÉ 62/191

16: TORMENTA ACALLADA 65/192

17: MOISÉS 68/193

18: MULTITUD SATISFECHA................... 71/194

19: LA PASCUA 74/195

20: RESURRECCIÓN DE LÁZARO.................. 77/196

21: MAR ROJO 80/197

22: ZAQUEO ES ALABADO 83/198

23: LOS DIEZ MANDAMIENTOS 86/199

24: LIBERADO DEL DEMONIO 89/200

25: DOCE ESPÍAS 92/201

26: APRENDIENDO A ORAR 95/202

27: JOSUÉ 98/203

28: BUSCANDO AL PERDIDO 101/204

29: GEDEÓN 104/205

30: REVELACIÓN DEL REINO 107/206

31: RUT 110/207

32: DECLARANDO AL REY 113/208

33: SAÚL 116/209

34: CIELO O INFIERNO...................119/210

35: DAVID 122/211

36: LAVANDO LOS PIES 125/212

37: SALOMÓN 128/213

38: LA ÚLTIMA CENA 131/214

39: JOB 134/215

40: ÉL ORÓ, FUE TRAICIONADO...................137/216

41: ELÍAS 140/217

42: JUZGADO Y CRUCIFICADO 143/218

43: JONÁS 146/219

44: RESUCITADO 149/220

45: ISAÍAS 152/221

46: REESTABLECIDO PARA SERVIR...................155/222

47: DANIEL 158/223

48: LLEGA AL MUNDO...................161/224

49: ESTER 164/225

50: JESÚS ASCIENDE 167/226

51: NEHEMÍAS 170/227

52: EL ESPÍRITU SANTO DESCIENDE 173/228

DUPLICARSE

UNA GUÍA PARA EL DISCIPULADO

proyecto 52

comparte la historia

Para recursos adicionales:

www.lifebiblestudy.com
1-877-265-1605

www.timetorevive.com
1-877-265-1605

INTRODUCCIÓN

Sed, pues, imitadores de Dios como hijos amados. Y andad en amor, como también Cristo nos amó, y se entregó a sí mismo por nosotros, ofrenda y sacrificio a Dios en olor fragante. —Efesios 5:1-2

¿QUÉ ES DUPLICARSE?

DUPLICARSE es diseñado para apoyarte como hacedor de discípulos. Esta guía no es sólo una introducción a la importancia de hacer discípulos, sino que pretende ser una herramienta que puedes usar para involucrar a nuevos creyentes en un nivel espiritual más profundo.

Al usar la pestaña naranja en la Biblia de Tiempo de Revivir titulada "Tu nueva vida en Cristo", esta guía te proporcionará esquemas de sesión de discipulado con preguntas, acciones y aplicaciones para cada una de las tres lecciones, "Nuevo en Cristo," cómo "Crecer en Cristo," y cómo "Compartir a Cristo". Encontrarás estas lecciones divididas en siete sesiones potenciales que puedes desarrollar con un nuevo creyente.

¿POR QUÉ DUPLICARSE?

San Lucas 6:40 dice: "El discípulo no es superior a su maestro; mas todo el que fuere perfeccionado, será como su maestro.". Un maestro artesano con un aprendiz tiene sola una meta en mente: duplicarse a sí mismo vertiendo su tiempo, energía y habilidades en esa persona. Ser un discípulo del maestro, Jesucristo, significa que estamos bajo su influencia, mientras permitimos, e incluso pedimos a los demás que nos dupliquen a nosotros de la misma forma que nosotros duplicamos a Jesús. El apóstol Paul escribe a los Corintios: "Sed imitadores de mí, así como yo de Cristo." (1 Cor. 11:1).

Oswald Chambers dice el siguiente acerca de la importancia y la realidad de modelar discípulos:

> Nuestro deber no es salvar almas, sino discipularlas. La salvación y la santificación son la obra de la gracia soberana de Dios, y nuestra labor como sus discípulos es discipular a otros hasta que estén rendidos por completo a Él. Una vida totalmente consagrada a Dios es más valiosa para Él, que cien vidas que simplemente hayan sido despertadas por su Espíritu. Como trabajadores del Señor, debemos reproducir nuestro propio género espiritual, y esas vidas serán el testimonio que Dios dará de nosotros como sus obreros. Por su gracia Él nos lleva a cierto nivel de vida y nosotros somos responsables de multiplicarlo en otras personas. — En Pos de lo Supremo

JESÚS LO ORDENA

Cuando Jesús caminaba por la tierra, escogió a doce hombres para duplicar todo lo que Él hizo y contó acerca del Reino de Dios. Él estaba presente como amigo y también como maestro. Estamos llamados a ser este tipo de ejemplo para los demás. De hecho, Jesús lo ordena:

> Por tanto, id, y haced discípulos a todas las naciones, bautizándolos en el nombre del Padre, y del Hijo, y del Espíritu Santo; enseñándoles que guarden todas las cosas que os he mandado; y he aquí yo estoy con vosotros todos los días, hasta el fin del mundo. Amén. — San Mateo 28: 19-20

OTROS TE NECESITAN

Puedes preguntarte, "¿De verdad puedo convertir en discípulo a alguien?" Si amas a Jesús y estás caminando con él, la respuesta es sencilla: sí. No tienes que ser perfecto, sólo confía en Aquel que es perfecto y en su Espíritu Santo que está viviendo en ti. Aquellos que son nuevos en el caminar con Jesús necesitan que les ayudes a saber lo qué significa seguirle en la práctica.

EL MÉTODO

1. CONOCE LOS OBJETIVOS

Lo que Jesús deseaba y se propuso ver en sus primeros discípulos son las cosas que todavía anhela en nosotros. A su vez, como discipuladores necesitamos desear y ver que estas cosas se lleven a cabo en las vidas de aquellos a quienes hacemos discípulos. Los objetivos de Jesús deben ser nuestros objetivos cuando llevamos a otros hasta Él. Aquí tenemos algunos:

1. Para que ellos estén cerca de Jesús (tú también puedes estar presente en sus vidas).
2. Que pueden ser como Jesús (no tienes que tratar de hacerlos cristianos perfectos).
3. Para que puedan ser enviados por Jesús.
4. Para que conozcan y practiquen la autoridad de Jesús.
5. Para verlos dar mucho fruto eterno.
6. Para que puedan enseñar a otros lo que Jesús les ha enseñado (no es necesario que les enseñes varias teologías).

2. CONOCE EL RIESGO

1. Hacer discípulos es a menudo difícil, frustrante y desagradable.
2. Puedes decepcionarte y desanimarte.
3. Ser un discípulo requiere disponibilidad y consistencia.
4. Hacer discípulos puede requerir iniciar la disciplina y corrección.
5. Puede que quieras rendirte. Ser un discípulo requiere persistencia y resistencia.

3. UTILIZA EL ENFOQUE DE JESÚS

Desde las primeras interacciones de Jesús con sus discípulos hasta la última, Él fue constante en cómo se relacionaba con ellos, en primer lugar, amándoles, escuchándoles, discerniendo sus necesidades espirituales y luego respondiéndole a ellos.

Amar, escuchar, discernir y responder. Quizás hayas escuchado estas palabras juntas anteriormente. El enfoque de Jesús hacia otros no sólo se aplica en cómo inicialmente podemos compartir el Evangelio, sino también en cómo podremos continuar cultivando esa relación durante todo el proceso de hacer discípulo. Al encontrarte con un discípulo, o con un discípulo potencial, recuerda usar con ellos el enfoque que utilizaría Jesús:

Con amor:
Muestra compasión. Tómate el tiempo para desacelerarte con ellos. Sé su amigo. Estamos para ser portadores del amor del Señor. Si no estamos captando a los discípulos en el amor, no podrá haber una relación real más adelante.

"...y el Señor os haga crecer y abundar en amor unos para con otros y para con todos, como también lo hacemos nosotros para con vosotros." —1 Tesalonicenses 3:12

Escucha

A menudo hablamos antes de escuchar. Escucha las necesidades, quejas y deseos de tu discípulo. Invítalo a conversar. Llega a conocerlo a él como un amigo. Hacer discípulos no se trata de seguir una agenda o emitir opiniones, sino de señalar y mostrar lo que significa seguir a Jesús y dejarlo a Él hablar a través de Su palabra y por medio del Espíritu Santo.

No toma placer el necio en la inteligencia, sino en que su corazón se descubre. Al que responde palabra antes de oír, le es fatuidad y oprobio. — Proverbios 18: 2, 13

Discierne

Mientras conoces y conversas con tu discípulo, pídele al Señor que puedas entender su corazón. Pídele al Señor que te muestre cómo debes hablar acerca de Su verdad en la vida y situaciones que tu discípulo vive.

"Como aguas profundas es el consejo en el corazón del hombre: Mas el hombre entendido lo alcanzará". — Proverbios 20:5

* El discernimiento es también un don espiritual, pero cuando escuchas al Señor poco a poco, con el tiempo Él te confiará más de este regalo, solo pídeselo.

Responde

La forma en que respondemos como un hacedor de discípulos se basa en amar, escuchar y discernir lo que acaba de suceder o lo que acaba de decir. Haz lo que el Señor te está pidiendo que hagas. Tal vez te pedirá orar, abrir la Palabra, dar sabiduría o retarles en ese momento. ¡Pídele que Él te muestre cómo — las posibilidades son infinitas!

"Andad sabiamente para con los de afuera, redimiendo el tiempo. Sea vuestra palabra siempre con gracia, sazonada con sal, para que sepáis cómo debéis responder a cada uno.".
— Colosenses 4:5-6

4. DIRECTRICES ÚTILES

1. Los hombres deben hacer discípulos hombres, y las mujeres deben hacer discípulos mujeres.
2. Conéctate con tu discípulo. Llega a conocerlos como amigos. Establece un tiempo y lugar para conocerse en persona, o charlar por teléfono.
3. Si tú y tu discípulo no se llevan bien, asegúrate de conectarlo con alguien con quien se lleve mejor.
4. Conéctate a otros para oraciones o para que te ayuden si te sientes abrumado en cualquier punto del proceso de hacer discípulos.
5. Asegúrate de revisar con anterioridad lo que vayas a discutir o estudiar con tu discípulo:
   - El contenido de la caja es el mismo que el de la Biblia de Tiempo de revivir.
   - Preguntas de discusión y acción son provistas.
   - Las escrituras adicionales incluyen los números de página de la Biblia de Tiempo de revivir.
   - para búsquedas rápidas (las páginas pueden variar debido a la edición).

5. LISTA DE CHEQUEO PARA CADA SECCIÓN

1. Siempre comienza con una oración, invitando al Espíritu Santo para guiarles a ambos. Cierra con una oración por los objetivos que se fijaron y las lecciones aprendidas. Este es también el momento de modelar la oración.

2. Has que el discípulo utilice su Biblia de Tiempo de Revivir cada vez que se encuentren. Si sientes que su tiempo devocional personal sería mejor utilizando una versión diferente o con notas de estudio, considera el comprársela a tu discípulo.

3. La cantidad de tiempo y el número de sesiones que necesitarás para completar los materiales variará. Cada persona y cada situación es única. Puedes cumplir con más de una persona a la vez, si te parece apropiado.

4. Has que el momento sea interactivo y que haya discusión; no le prediques a tu discípulo.

5. Para cuando termines, tu discípulo deberá haber logrado estos hitos:

   ❑ Ser nuevo en Cristo - Entender el cambio por el que ha atravesado.

   ❑ El papel del Espíritu Santo - Crecer en escuchar al Espíritu Santo y el papel que Él tiene.

   ❑ Comunidad de creyentes - Asistiendo a una iglesia y/o a un grupo fuerte de estudio bíblico.

   ❑ Bautismo - Haber participado en un bautismo para afirmar su decisión de fe.

   ❑ Estudiar la Palabra - Fijar los objetivos personales para cumplir con la Palabra regularmente.

   ❑ Oración - Conocer los principios de la oración y practicarla.

   ❑ ¡Contarles a otros! Compartir su fe y su testimonio intencionalmente con otros.

SECCIÓN 1: PESTAÑA NARANJA PÁGINA 437

NUEVO EN CRISTO

De modo que si alguno está en Cristo, nueva criatura es; las cosas viejas pasaron; he aquí todas son hechas nuevas.—2 Corintios 5:17

La Biblia dice que tú eres una "nueva criatura". Puedes sentirte diferente. O puede que no. Las emociones a menudo siguen o indican un cambio en el corazón. Sin embargo, es la Palabra de Dios y el Espíritu Santo que da testimonio a nuestro espíritu que somos hijos de Dios (ROM. 8:16; p. 269).

Tus pecados han sido perdonados a través de la fe en Jesucristo y todo lo que Él ha hecho. Tienes Su regalo de salvación y vida eterna. Has sido liberado de las "cosas viejas" (pecados) para vivir esta nueva vida en Cristo. Tienes un corazón nuevo y un nuevo Espíritu viviendo en ti. Hace miles de años, uno de los profetas de Dios, del Antiguo Testamento, describió lo que Dios haría por ti. Ezequiel 36:26-27 dice:

Os daré corazón nuevo y pondré espíritu nuevo dentro de vosotros; y quitaré de vuestra carne el corazón de piedra y os daré un corazón de carne. Y pondré dentro de vosotros mi espíritu, y haré que andéis en mis estatutos y guardéis mis preceptos y los pongáis por obra.

La palabra de Dios y del Espíritu Santo te dan cada cosa que necesitas para ser más como Jesús. Él ahora vive dentro de ti. Eso puede ser difícil de comprender ahora, pero será más claro con el tiempo y con el entendimiento que Él te dará.

Dios te ama y desea dirigir tu vida mientras intentas seguirlo. Un discípulo en Cristo abandona una vida "vieja" para abrazar una nueva vida en Él.

EL PROPÓSITO

Enseña al nuevo creyente la realidad de que son "nuevas creaturas". (2 Corintios 5:17). Tienen nuevo corazón y nuevo espíritu y nuevo deseo a seguir a Dios. (Ezequiel. 36:26-27). Como tal, ya no están limitados por lo que eran. El pasado se ha ido y han sido perdonados. Ellos son amados y son libres de realizar quienes Dios creó.

LEE la página 437, como se ve arriba.

DISCUSIÓN

- ¿Cómo han cambiado las cosas desde que aceptaste a Jesús?
- ¿Qué desea aún que cambiase? Hazle saber que se ha producido el cambio interior, pero aún tenemos que hacer un esfuerzo para vivir de manera diferente. La diferencia es que es posible con Dios, y debemos ahora querer ser diferentes.
- Asegúrate de que él/ella entienda que la promesa que se discute aquí, es que ahora somos justificados ante Dios Padre, por medio de Cristo. Es como si Cristo se encuentra físicamente entre el Padre y nosotros, y todo lo que el Padre puede ver es la naturaleza perfecta de Jesús.

SÉ TESTIMONIO VIVO

¿Cómo puede ser la vida diferente ahora? Sé honesto y discute el conflicto interno con el viejo hombre interior y lo que deben hacer cuando pecan, pues todavía tenemos nuestra naturaleza pecaminosa (ver 1 San Juan 1:9).

SECCIÓN 2: PESTAÑA NARANJA: PÁGINA 437

EL ESPÍRITU SANTO

El Espíritu Santo es un miembro de la Santísima Trinidad: el Padre, el Hijo y el Espíritu Santo. Cada miembro es distincto sino juntos forman un Dios solo (Deuteronomio 6:4). El Espírtu Santo vive en cada creyente (1 Corintios 3:16, p. 284) Él tiene muchos roles diferentes en tu vida:

- Consolador: Hechos 9:31 (p.219)
- Ayudante: San Juan 14:16 (p.188), Romanos 8:26 (p. 269)
- Maestro: San Lucas 12:12 (p. 130)
- Dador de dones: I Corintios 12 (p. 295+)

EL PROPÓSITO

Para explicar el don de Dios del Espíritu Santo. Que el Espíritu Santo reside en todos los creyentes y que Él provee lo que se necesita para posibilitar a un creyente a caminar en obediencia.

LEE esta sección en la página 437, como se ve arriba.

DISCUSIÓN

Incluso antes de que Jesús fuese crucificado, comenzó a explicar a sus seguidores más cercanos que Él enviaría al Espíritu Santo, para que les entregase lo que necesitarían para continuar su ministerio después de que Él volviese al Padre.

- Después de que resucitó de entre los muertos Él les dijo de nuevo a sus seguidores más cercanos que esperasen a que Él enviase al Espíritu Santo para darles el poder que necesitarían para obedecer (San Lucas 24:49).
- Los 120 creyentes iniciales esperaron y oraron hasta que fue enviado el Espíritu Santo y luego Dios trabajó en el poder a través de ellos (Hechos 2).
- Cuando aceptaste a Jesús como Señor y Salvador el Espíritu Santo fue colocado dentro de ti (Ezequiel 36:27; 1 Corintios 3:16).
- Da testimonio de cómo el Espíritu Santo te permite vivir como cristiano y cómo es imposible para ti vivir como cristiano basado en tu propia fuerza. Es un momento para fomentar y mo advertir de la necesidad del poder capacitador de Dios.

SÉ TESTIMONIO VIVO

Guía a tu discípulo a través de las cuatro descripciones del Espíritu Santo (Consolador, Ayudante, Maestro y Dador de Dones Espirituales), lee las escrituras y dé un testimonio de lo que es verdadero en tu vida. No te centres en los dones ya que eso podría confundir a un nuevo creyente. Da una descripción sencilla como: "Un don espiritual es un don sobrenatural que te permite realizar la tarea que Dios te da" (Henry Blackaby).

SECCIÓN 3: PESTAÑA NARANJA: PÁGINA 438-439

CRECE EN CRISTO

Así que, los que recibieron su palabra [La palabra de Pedro] fueron bautizados; y se añadieron aquel día como tres mil personas. Y perseveraban en la doctrina de los apóstoles, en la comunión unos con otros, en el partimiento del pan y en las oraciones. — Hechos 2:41-42

Como un nuevo discípulo en Cristo, Dios te ha dado todo lo que necesitas para crecer en Cristo a través del Espíritu Santo, la Biblia, la oración y estando en comunidad con otros discípulos de Jesucristo.

SUBRAYA las 4 palabras anteriores en negritas y explica que entrarás en más detalles acerca de cada una de estas palabras más adelante.

DISCUTE la importancia de aprender cómo hacer estas 4 cosas mencionadas, para que tu discípulo entienda que éstos son los fundamentos de ser un seguidor de Cristo.

PREGÚNTALE si tiene alguna pregunta o pensamiento al empezar ("Comunidad" está incluida en la sesión 3).

COMUNIDAD

La Comunidad fue muy importante para los primeros discípulos de Jesús, que llamamos "apóstoles". Estos primeros seguidores de Jesús caminaban con Él en la tierra, lo vieron morir, pasaron tiempo con Él después de su resurrección de entre los muertos y vieron como Él ascendió al cielo. Nos muestran cuán importante es para los nuevos creyentes estudiar la Biblia juntos, orar juntos y ser buenos compañeros. Puedes crecer en tu nueva vida en Cristo individualmente, pero es importante caminar con otros uniéndose a un grupo de estudio bíblico o a una Iglesia cercana.

Conocerás a otros creyentes y disfrutarás el compañerismo con tus nuevos amigos quienes te amarán simplemente porque Jesús los ama (1 San Juan 4:19). El Espíritu Santo que vive en ti y en todos los creyentes nos permite amarnos y ayudarnos los unos a los otros en tiempos buenos y malos. La Biblia describe a la iglesia como un cuerpo humano. Cada persona en Cristo tiene una parte que es necesaria para hacer que el todo trabaje correctamente (1 Corintios 12:12-26). Tú necesitas el apoyo de otros creyentes y ellos también te necesitan a ti.

REVISA LA HISTORIA DEL EVANGELIO

Asegúrate de que tu discípulo entiende la muerte, resurrección, y ascensión de Jesús mencionadas en el texto anterior:
- QUÉ pasó: Él tomó nuestra culpa por el pecado; Estuvo muerto por tres días, conquistó la muerte y se levantó de la tumba. Explica el significado del viernes "Santo" y del domingo de Pascua.
- POR QUÉ Jesús murió: Dios envió a su hijo, nacido de una virgen elegida por Dios, porque no podíamos vivir la vida perfecta que se necesitaba para ganarse el cielo. En el Antiguo Testamento los sacerdotes realizaban sacrificios de animales en nombre de los pecados de la gente. En el Nuevo Testamento, Jesús se entregó a sí mismo como el sacrificio final por el pecado.

DISCUTE ¿Cuál es el propósito y la importancia de la comunidad cristiana?
- Aprendiendo más acerca de Dios; Creciendo en la Palabra (la biblia)
- Viviendo la vida juntos (familia)
- Apoyo y ánimo de unos a otros; ¡Cada uno tiene algo que ofrecer! Nos necesitamos mutuamente (lee I Corintios 12:12-26; p.295).
- Las escrituras afirman la importancia de reunirse junto con otros creyentes. (Hebreos 10:22-25; p. 376)

- Dar tu testimonio de por qué es importante estar en una iglesia. ¿Cómo esto ha cambiado tu vida?

SÉ TESTIMONIO VIVO

Pídele a tu discípulo que se ponga un objetivo para que logre estar en una comunidad de creyentes:

- ¿A qué iglesia quiere ir él/ella? ¿Dónde le gustaría intentarlo?
- Ve con tu discípulo a probar la(s) iglesia(s). Discute tus experiencias.
- ¿Qué te parece un grupo pequeño de estudio bíblico?

SECCIÓN 4: PESTAÑA NARANJA: PÁGINA 438-439

BAUTISMO

Así que, los que recibieron su palabra fueron bautizados; y se añadieron aquel día como tres mil personas. 42 Y perseveraban en la doctrina de los apóstoles, en la comunión unos con otros, en el partimiento del pan y en las oraciones. — Hechos 2:41-42

Como Jesús mandó, los apóstoles bautizaron a cada nuevo discípulo con agua (San Mateo 28: 19; Hechos 2:41).El bautismo muestra lo que ha ocurrido en cada creyente en Jesucristo. Has muerto a tu antigua vida — tus pecados han sido lavados a través del sacrificio de Jesús y te eleva a una nueva vida en Él. Romanos 6:4 dice: "Porque somos sepultados juntamente con Él para muerte por el bautismo, a fin de que como Cristo resucitó de los muertos por la gloria del Padre, así también nosotros andemos en vida nueva".

LECTURA

Mateo 28: 19, el Gran Encargo (p. 65). Refiérete a Hechos 2:41 — Bautizo de los 3.000 (se muestra en la parte superior de p. 438). Para versos adicionales, ve Hechos 8:26-40 (p. 217), la historia de la reunión de Felipe y el bautizo del eunuco etíope.

DISCUSIÓN

El Bautismo no te salva. Es un acto de obediencia. Es una oportunidad para que nosotros demostremos a los demás la muerte, sepultura y resurrección de Jesús en la medida en que tú te unes simbólicamente con Él mostrando que has muerto al pecado y resucitado a una vida nueva.

SÉ TESTIMONIO VIVO

Pregunta a tu discípulo si él ha sido bautizado:

- Si Sí, habla acerca de ello. ¿Cuándo? ¿Dónde? ¿Por qué él o ella decidió ser bautizado? ¿Si fue un bautismo cuándo era un bebe, está él dispuesto a hacer una profesión pública de fe y ser bautizado como un adulto?
- Si NO - habla sobre su deseo de ser bautizado. Haz planes concretos para que pueda hacerse. Esto puede tomar algún tiempo para arreglar los detalles, pero es importante hacer de ello una prioridad.
- Si necesitas ayuda para que tu discípulo sea bautizado, pídele ayuda a tu pastor, o a otro hacedor de discípulos.

LA PALABRA

Estudiar la Biblia es algo que debes hacer con otros creyentes, pero también en tu propia vida diaria con Jesús. Si no sabes qué leer, el libro de Juan es un gran lugar para comenzar. Aprenderás más acerca de quién es Jesús y de lo que Él quiere enseñarte.

DISCUSIÓN

- ¿Por qué es importante leer la Biblia? Comparte cómo ha cambiado tu vida.
- ¿Cómo estudias tú la Biblia?
- ¿Qué saben ellos acerca de la Biblia?
- ¿Conoce tu discípulo el diseño básico de la Biblia? (Semi-cronológico; Testamento Anterior es de antes que Jesús viniese a la tierra; Los números grandes son los capítulos y los números pequeños los versículos; Los Evangelios son Mateo, Marcos, Lucas y Juan; etc.)

SÉ TESTIMONIO VIVO

Ayuda a tu discípulo a establecer una meta para un plan de lectura personal de la Biblia:
- Organízalo para él/ella. Lee una historia de la Biblia haciendo uso de estas 4 sencillas preguntas. Anímalo a utilizar estas mismas preguntas en su tiempo de estudio personal.
- ¿Qué dicen estos versículos acerca de DIOS (Jesús)?
- ¿Qué dicen estos versículos acerca de MÍ (de la humanidad)?
- ¿Qué quiere Dios que haga yo en respuesta a esta enseñanza?
- ¿Con QUIÉN compartiré esta verdad esta semana?

LECTURA DE LOS VERSÍCULOS DE APOYO

- Lámpara es a mis pies tu palabra y lumbrera a mi camino. (Salmo 119:105).
- Toda la Escritura es inspirada por Dios y útil para enseñar, para redargüir, para corregir, para instruir en justicia. (2 Timoteo 3:16).
- Porque la palabra de Dios es viva, eficaz y más cortante que toda espada de dos filos: y penetra hasta partir el alma y el espíritu, las coyunturas y los tuétanos, y discierne los pensamientos y las intenciones del corazón. (Hebreos 4:12).
- Una gran sección a leer son los capítulos del 13 al 16 del libro de Juan (p. 185+). Esto es lo que Jesús enseñó a sus discípulos. Incluye temas claves para la vida de un creyente lleno de fe (honra, el Padre y el camino hacia Él, el ministerio, el Espíritu Santo como fuente de paz, el crecimiento y el discipulado, el amor, las persecuciones y la victoria en Cristo).

ORACIÓN

La oración es otro aspecto importante de caminar con Jesús. Es algo a lo que se dedicaron los apóstoles. Orar es hablar con Dios y también dejar que Él te hable a ti. En una Iglesia local o en un estudio bíblico, aprenderás a orar con y por los demás y dejarás que otros oren por ti.

DISCUSIÓN

- La oración no es complicada ni difícil. Explica qué es la oración: una conversación con Dios, al igual que la que tenemos ahora. Da un testimonio de por qué la oración es importante en tu vida. ¿Cómo ha cambiado tu vida?
- Explica que aunque las oraciones pueden ser largas, no tienen que serlo. Usa sus palabras normales (no te pongas "eclesiástico"); sólo habla desde el corazón.
- ¿POR QUÉ es importante la oración? Explica que a diferencia de lo que ocurre en otras religiones, Jesús quiere tener una relación contigo. Todas las relaciones incluyen la conversación. Imagínate que nunca tuviésemos conversaciones con nuestra familia o nuestro esposo. ¿Qué produciría esto en nuestra relación? A pesar de que aprender a escuchar puede tomar tiempo ¡Vale la pena! Dios quiere hablar contigo y quiere hablarte a ti. Él quiere que sepas cuánto te ama. Te sorprenderá la cantidad de maneras en que le puedes escuchar.
- ¡Ora en cualquier momento y en cualquier sitio! Se ha dicho, "Sólo existen dos momentos para orar... cuándo lo necesitas y cuando no lo necesitas". Es necesario en cada momento de nuestras vidas. Queremos llegar a un punto en que hablemos con Dios a lo largo de nuestro día, no sólo cuando estamos en problemas o necesitamos ayuda.

SÉ TESTIMONIO VIVO

Ayuda a tu discípulo a establecer una meta de tener tiempo por la oración personal. Demuéstralo, orando por diferentes cosas en el momento, tanto como al inicio y al final del tiempo que pasan juntos. Si tiene una necesidad, ora allí mismo por esta necesidad. Asegúrate de escribir peticiones delante de tu discípulo y luego preguntarle cómo Dios respondió a esas peticiones. Llámalo/a a él/ella durante la siguiente semana si la petición era importante y se trataba de algo inminente. Si no, pregúntele a él cuando se reúnan nuevamente.

LECTURA DE VERSÍCULOS ADICIONALES

- San Mateo 6:5-15, La oración del Señor (p. 18)
- San Mateo 7:7-11, "Pedid...buscad...llamad" (p. 20)

COMPARTE A CRISTO

Y Jesús se acercó y les habló diciendo: "Toda potestad me es dada en el cielo y en la tierra. Por tanto, id y haced discípulos a todas las naciones, bautizándolos en el nombre del Padre, y del Hijo y del Espíritu Santo, y enseñándoles que guarden todas las cosas que os he mandado. Y yo estoy con vosotros todos los días, hasta el fin del mundo. Amen."
San Mateo 28: 18-20

Todos los discípulos de Jesús están llamados a hacer discípulos contándoles a otros acerca de Él. Es posible que hayas escuchado acerca de Jesús porque alguien te lo presentó. Ahora tu llamado es decirles a otros acerca de la nueva vida en Cristo en la que estás creciendo.

Jesús dijo, "Como me envió el Padre, así también yo os envío. (San Juan 20:21). Como su discípulo, Jesús te envía y te confía con su mensaje de vida: la muerte, la sepultura y la resurrección de Jesús.

Dile a otros lo que Dios ha hecho por ti, cómo te arrepentiste de tus pecados y cómo estos fueron perdonados por el sacrificio de Jesús en la Cruz. Diles cómo Jesús murió por sus pecados, pero resucitó para que tengas vida nueva en él. Cuéntales a otros en amor, con palabras y con tu ejemplo. (San Mateo 5:13-16).

Puedes hablar acerca de Jesús a tu familia, a tus amigos o incluso a los extraños. Puedes temer y estar tentado a no compartirlo con alguien. Este temor no viene de Dios sino del enemigo, Satanás, quien convenció al hombre de desobedecer a Dios en el principio. (Génesis 3). 2 Timoteo 1:7 dice "porque no nos ha dado Dios espíritu de cobardía, sino de poder, de amor y de dominio propio". Recuerda, el Espíritu Santo que vive en ti te enseñará lo que debes decir (San Lucas 12:12) y Él estará siempre contigo. (San Mateo 28:20b).

DISCUSIÓN
- El mandato claro para todos los creyentes es ir y contar—es compartir el Evangelio y hacer discípulos (San Mateo 28:19-20)
- Compartir el Evangelio es el supremo acto de amor.
- Da tu testimonio de lo qué compartir el Evangelio ha significado en tu vida.
- Explica que hay dos maneras de compartir tu testimonio—con tu voz y por medio de tus acciones.

Lee Romanos 10:1, 14-15 (p. 272). Es vital para hablar del perdón. Este es un gran problema que muchos cristianos no abordan. La falta de perdón es como beber veneno y esperar que la otra persona muera. Te romperá en pedazos si lo permites. La Biblia es muy clara acerca de la falta de perdón. (San Mateo 18:21-35; p. 42)

Guía a tu discípulo a orar por la persona a quién él necesita perdonar, aunque pueda parecer insignificante. Perdonar no es olvidar por arte de magia. Es liberar al discípulo de la necesidad de venganza. Tiene que ver con levantar las manos a Dios y confiar en que Él lo resolverá. Se trata realmente de bendecir genuinamente a aquellos que necesitan ser perdonados y de amarlos a pesar de lo que te hayan hecho.

SÉ TESTIMONIO VIVO

Usando la biblia *Tiempo de Revivir*, guía a tu discípulo a través de los pasos de compartir el Evangelio con los cinco versículos. Muéstrales dónde se encuentra la oración de salvación y los materiales de enseñanza.

Haz que él/ella practique el compartir el Evangelio contigo. Sé constructivo y alentador.

Haz una lista de al menos tres personas a quienes tu discípulo quiere compartir el Evangelio. Haz un convenio para orar por su salvación y está dispuesto a ir con tu discípulo a compartir el Evangelio con estas personas.

Si él discípulo está dispuesto, agenda el momento para ir con él y ayudarle a compartir el Evangelio con alguien familiar, un amigo, ¡o un extraño!

Ora sobre la posibilidad de llevar a tu discípulo contigo al próximo evento de divulgación de reviveCITY con *Tiempo de Revivir*.

Ahora estás listo para sumergirte en las 52 historias de la Biblia que te ayudarán a acrecentar tu fe.

PROYECTO 52

COMPARTE LA HISTORIA

Construido alrededor del libro Story Thru the Bible (Historia a través de la Biblia) por Walk Thru the Bible (Camina con la Biblia), Proyecto 52 te invita a vivir cincuenta y dos historias de las escrituras frente a frente con otra persona, en un pequeño grupo, o en familia. Es un viaje a través de la historia de Dios que te dará las herramientas para compartirla.

Para cada parte de la historia hay **un devocional, una guía de discusión y una historieta** para ayudarte a aprender y a **compartir la historia** con otros. En la medida que viajes a través de este proyecto, conocerás la Biblia y también tendrás las herramientas para compartir a quien las historias apuntan: Jesucristo.

Jesús dice: "**Si vosotros permanecéis en mi palabra, seréis verdaderamente mis discípulos; y conoceréis la verdad y la verdad os hará libres**"(Juan 8:31b-32). Al igual que un estudiante debe saber lo que su maestro le enseña para aprender, comprender y crecer, un discípulo de Jesucristo debe echar sus raíces y conseguir sus herramientas en la palabra de Dios en todas las etapas de la vida. Ya sea que estés viajando a través del **Proyecto 52** como un antiguo discípulo de Jesús, o que recientemente le hayas conocido, que su palabra cobre vida en ti y en otros mientras **compartas la Historia.**

1: CREACIÓN

GÉNESIS 1 & 2

ANHELANDO EL HOGAR

Dios creó un mundo bueno, un paraíso, un jardín de deleite llamado el Edén. Y Él puso al hombre allí.

El hombre caminó con Dios y con su compañera perfecta en el Edén. El hombre y la mujer disfrutaron de la responsabilidad de ser cuidadores y de su creatividad sin límites y eran ricos en recursos y belleza.

El hombre y la mujer estaban en el lugar que Dios diseñó para que ellos supervisasen, una creación que funcionaba en perfecta armonía, un lugar donde Dios estaba presente. La vida era buena. Pero el hombre y la mujer tuvieron que irse.

Algunos piensan que todo lo escrito en estos dos capítulos son parte de un mito... la parte de Dios-creó-el-mundo y la parte del jardín de Edén. La gente cree que el Edén es demasiado bueno para ser verdad y demasiado fantasioso para ser una historia real.

Y sin embargo, la evidencia de la existencia del Edén, de este paraíso que Dios creó para la humanidad, se ha transmitido de padres a hijos a lo largo de la historia. El deseo de ese paraíso es el anhelo común que todas las personas comparten de vivir en un lugar llamado hogar donde no nos sintamos solos... donde no nos sintamos pequeños ni limitados... donde no nos sintamos inconexos o perdidos... donde podamos sólo sentir plenitud, comunión y el llamado.

Hablar con cualquier persona, y encontrarás que él o ella sienten el anhelo de un hogar, de un amante, de un propósito, y sépanlo o no, de un Dios Padre. El Edén – – el lugar en la tierra que es como el cielo.

¿Podrá nuestro anhelo de este lugar perdido, no-mítico-en-absoluto ser satisfecho algún día?

Jesús nos dice que oremos por un reino por venir a la tierra que refleje la armonía del cielo, un reino igual que el Edén del pasado. Él nos dice que abramos los ojos para ver que, incluso ahora, el Reino de los cielos está cerca. ¿Será que Jesús está restaurando el lugar que nuestros corazones anhelan? De hecho, Él está restaurando nuestro hogar como Dios lo creó.

El Edén no es un mito, y el Paraíso no está perdido para siempre. Tendremos la oportunidad de llegar a ese hogar.

Podemos contarle la Buena Nueva a cualquier persona que sienta ese anhelo– – una Buena Nueva que lo significa todo.

CREACIÓN: GÉNESIS 1 Y 2

COMPARTE LA HISTORIA

Génesis 1:31 "Y vio Dios todo cuanto había hecho, y he aquí que era bueno en gran manera. Y fue la tarde y la mañana del sexto día."

DISEÑA: La Biblia comienza con las palabras, "En el principio creó Dios los cielos y la tierra". Antes de la creación del universo, había sólo un vacío acuoso y caótico. Pero Dios habló. Primero creó la luz, y luego creó la tierra y el mar.

Pregunta: ¿Crees que el universo fue diseñado o llegó a existir por casualidad?

LA NATURALEZA Y EL CIELO: Dios creó entonces: plantas y árboles; el sol, la luna y las estrellas; y el mar, el aire y los animales de la tierra. Lo llamó a todo "bueno". En este punto, Él se encontraba en el sexto día del proceso de creación.

Preguntas: ¿Aprecias la naturaleza? ¿Cuál es tu parte favorita de la creación?

HOMBRE Y MUJER: Después de crear los animales, en el sexto día, Dios decidió crear al hombre, un ser a su imagen y semejanza. Había creado al hombre de polvo, sopló vida en él y lo puso en un hermoso jardín. Él le dio al hombre, Adán, autoridad sobre todas las plantas y animales. Pero Dios dijo que no era bueno para el hombre estuviese solo, y mientras Adán estaba durmiendo profundamente, Dios quitó una de sus costillas y de ella creó a la mujer.

Preguntas: ¿En qué formas crees que el hombre es creado a imagen y semejanza de Dios? ¿Estás de acuerdo en que no es bueno para un hombre estar sólo?

VALOR: Dios dedicó el séptimo día a ser un día de descanso. Su creación estaba completa y Él estaba complacido con ella. Él lo llamó "muy bueno".

Preguntas: ¿Crees que la creación es muy buena? ¿Tienes un día de descanso cuando dejas de trabajar? ¿Por qué crees que Dios creó el mundo y a ti y a mí?

Isaías 45:18 "Porque así dijo Jehová, que creó los cielos. Él es Dios, el que formó la tierra, el que la hizo y la compuso. No la creó en vano, sino para que fuese habitada la creó: Yo soy Jehová, y no hay otro."

NOTAS

2: EL NACIMIENTO DE JESÚS

SAN MATEO 1; SAN LUCAS 1-2

EXPECTATIVAS

Después de años y años de esperar, la descendencia esperada nació... la descendencia que Dios le dijo a Eva que vendría un día a aplastar la cabeza de la serpiente... la descendencia de Abraham que sería una bendición para todas las Naciones.

El bebé nacido en Belén era el que los judíos habían estado esperando para que cumpliese las profecías del Antiguo Testamento. Su madre vio un brillante futuro para él – – el niño sería un gran rey como había sido David. Y su padre había previsto el trabajo sacerdotal del niño como el Salvador que expiaría los pecados de su pueblo.

Jesús llegó al mundo con todas las expectativas de la humanidad puestas sobre él. Se puede preguntar si Jesús sintió la desesperación en el planeta a su llegada, si Él podía sentir los gritos, "rescátanos, rescátanos," dirigidos a él.

De verdad, sin embargo, Jesús llenó pocas de esas expectativas en su vida. Aquel que era esperado para que aplastase al enemigo nunca participó en guerra o conquista alguna. Aquel que debía bendecir a todas las Naciones no predicó más allá de los límites de su propia nación. Aquel que vino a cumplir las profecías del Antiguo Testamento lo hizo de una manera que ni los eruditos judíos de la época pudieron reconocer.

Jesús, el Rey nunca se introduciría en la política o sería líder de la nación. Jesús, el Salvador, predicaría durante tres años y sería muerto a los treinta y tres años de edad.

Tal vez si la gente de la época en que Jesús nació ya hubiera sabido cómo sería la vida de Jesús, se habrían sentido decepcionados, porque Jesús no era el Mesías que esperaban.

¿Es Jesús – – el rey y Salvador – – una decepción? ¡Claro que no! Su guerra con el enemigo está en un plano más alto que en los reinos terrenales. Su bendición satura al mundo. Su cumplimiento de la profecía es perfecto y completo. Su gobierno sobre todas las cosas está más allá de la política. Y su muerte no fue definitiva. En todos los niveles, Jesús – – el rey y Salvador – – supera nuestras expectativas. Sólo aquellos que se apegaron a lo que ellos pensaban que el Mesías debía ser, se lo perdieron por completo.

Jesús no nació para satisfacer las expectativas terrenales, sino para sobrepasarlos. Dios no obra según nuestras expectativas. Incluso habiendo aceptado que Jesús era y es el hijo de la promesa, podríamos estar aún decepcionados si su obra en nuestras vidas no hubiere cumplido con nuestras propias expectativas.

Reflexiona acerca del nacimiento de Jesús, de su vida y de su muerte, estos hechos no fueron en absoluto cómo los esperaba la gente, pero sí cómo Dios lo mandaba. Considera la posibilidad de abrazar todas las piezas inesperadas de la vida que Él te ha dado.

COMPARTE LA HISTORIA

San Mateo 1:22-23 "Todo esto aconteció para que se cumpliese lo dicho por el Señor por medio del profeta, cuando dijo: He aquí, una virgen concebirá y dará a luz un hijo, Y llamarás su nombre Emanuel, que traducido es: Dios con nosotros."

PREPARA EL CAMINO: Los judíos habían esperado por mucho tiempo que el Mesías viniese a salvarlos. Todo a lo largo de su historia había estado preparando el camino para la venida del Mesías. Desde la época de Abraham, Dios había preservado la semilla del Salvador. Pero un último precursor debía venir antes de que el Mesías pudiera nacer. Un ángel se le apareció a un sacerdote llamado a Zacarías y le dijo que él y su esposa, Elizabeth, tendrían un hijo llamado Juan. Poco menos de un año antes del nacimiento de Jesús, Juan el Bautista nació para "preparar el camino para el Señor."

¿Pregunta: Ha estado Dios preparando tu camino para que recibas al Señor? ¿Cómo te han llevado los acontecimientos de tu vida hacia Jesús?

MARÍA RECIBE LA NOTICIA: Cuando el ángel Gabriel apareció a María y le dijo que tendría un hijo que sería rey y que sería llamado el hijo del Altísimo, ella estaba confundida porque ella era virgen. Pero el ángel le dijo que el Espíritu Santo la haría concebir. María creyó en el mensaje y fue inmediatamente a ver a Elizabeth que ya tenía un embarazo de seis meses. María alabó a Dios humildemente y se llamó a sí misma la sirvienta del Señor.

Preguntas: ¿Estás dispuesto a seguir el plan de Dios en tu vida sin cuestionarlo? ¿Cómo habrías manejado el que se te dijera que serías la madre del hijo de Dios?

JOSÉ OBEDECIÓ: José, el prometido de María, planea divorciarse de ella en silencio al enterarse de su embarazo. Antes de que él pudiese hacerlo, un ángel lo visitó en un sueño y le dijo que tomase a María como su esposa porque el bebé que llevaba dentro era el hijo de Dios. José siguió con María y la llevó con él a Belén cuando se decretó un censo oficial y tuvieron que viajar a la ciudad natal de su antepasado David. Allí, María dio a luz a Jesús.

Preguntas: ¿Cómo habrías manejado ser el padre adoptivo de Dios en carne y hueso? ¿Cómo cuidarías de tu esposa, de tu familia?

EL ANUNCIO DEL NACIMIENTO DE JESÚS: Las primeras personas en descubrir el nacimiento del Mesías fueron los pastores que estaban trabajando en el campo. Un ángel se les apareció, diciéndoles que no tuviesen miedo y les anunció que había nacido el Mesías que salvaría al mundo. Inmediatamente partieron del campo para encontrarse a Jesús, a María y a José y luego le contaron a todo el mundo la noticia.

Preguntas: Si un acontecimiento importante ocurre ¿Quién debería ser el primero en descubrirlo? ¿Eres rápido al transmitir las últimas noticias? ¿Cómo te afecta a ti el nacimiento de Jesús hoy en día? ¿Crees que es cierto que Dios se hizo uno de nosotros?

NOTAS

3: LA CAÍDA

GÉNESIS 3

VALERSE POR SÍ MISMO

En las primeras etapas del mundo, el mensaje de Satanás se deslizó como un susurró hasta Eva, "¡Válete por ti misma!" La mujer había vivido hasta entonces en el gozo de la confianza – – ella confiaba en que Dios satisfacía todas sus necesidades, y confiaba en que su marido la amaba totalmente. Nunca se le había ocurrido la idea de que ella necesitaba protegerse y defenderse a sí misma.

Ella estaba tanto feliz como segura. Al igual que una canción de alabanza hebrea rezaría "bienaventurado el hombre que puso en Jehová su confianza". (Salmo 40:4).

Pero Satanás, el antiguo acusador, entró en la forma de una serpiente – – la más sutil de todas las criaturas. Él se acercó a Eva astutamente y le habló suavemente, y ella no sintió amenaza alguna.

Con duplicidad concisa, Satanás convirtió la confianza de Eva en vergüenza. Su mensaje era, hay alguien que no cuida bien de ti. Hay más para ti, y te lo estás perdiendo. Dios no es suficiente – – ¡Haz algo por ti misma! Con eso, él la convenció de comer del fruto prohibido, de tomar algo de control sobre su propia vida. Adán la siguió sin lugar a dudas, y los dos voluntariamente dejaron su estado de gracia y entraron en el mundo del egoísmo, con un pensamiento: debo alimentarme a mí mismo, vestirme a mí mismo, ocultarme a mí mismo, protegerme a mí mismo. ¡Dios ya no es mi defensor!

Las generaciones que vinieron después de que Adán y Eva tomasen esta decisión, creerían la mentira – – que todos debemos valernos por nosotros mismos. Por lo tanto, hoy en día, nos preocupamos, trabajamos más, nos vendemos a nosotros mismos para recibir amor, nos preocupamos por las facturas, temblamos ante los obstáculos y frecuentemente pensamos que el mundo se derrumba sobre nosotros. Trabajamos y luchamos porque creemos que es nuestro deber garantizar nuestros destinos y defendernos de todas las cosas y de todo el mundo.

En realidad, Dios sigue siendo nuestro defensor. Él sigue siendo aquel que nos viste, que nos protege, que nos abastece, que cumple con nuestras necesidades, que asegura nuestros destinos, y que nos salva de la destrucción. Siempre ha sido sólo Él. Pero, el acusador, mientras tanto, mantiene esa mentira circulando, nutriendo nuestras preocupaciones, nuestros miedos, nuestras compulsiones y nuestras dudas y nos convence de que tenemos que defendernos nosotros mismos porque nadie más lo hará.

Jesús nos enseña que nosotros debemos nacer de nuevo, debemos nacer como niños que no cuestionan a quien le cuida. Podemos llegar a ser como Adán y Eva fueron antes de la caída y tener la capacidad de confiar en Dios y ser felices en ese estado de confianza. Se nos da la opción para que, a través de Cristo, veamos lejos de nosotros mismos y digamos YO NO SOY DIOS, y Dios cuida de mí y digamos: "A causa del poder del enemigo esperaré en ti, porque Dios es mi defensa." (Salmo 59:9).

LA CAÍDA: GÉNESIS 3

COMPARTE LA HISTORIA

Génesis 3:15 "Y pondré enemistad entre ti y la mujer, y entre tu simiente y la simiente suya; ésta te herirá en la cabeza, y tú le herirás en el calcañar."

ANTES DE LA CAÍDA: Al principio de esta historia, Adán y Eva todavía vivían en el paraíso, un lugar lleno de placer, donde Dios caminaba con ellos en armonía. Dios les hizo una advertencia a Adán y Eva: no coman de la fruta del árbol que está en medio del jardín (el árbol del conocimiento del bien y del mal). Aparte de eso, eran libres de disfrutar de Su jardín.

Preguntas: ¿Qué opinas de cómo era el paraíso? ¿Crees qué la muerte existía en el jardín de Edén

ENGAÑO: La serpiente entró en la escena y le preguntó a Eva acerca del mandato de Dios. Eva le dijo que Dios les dijo que el único árbol del que no podían comer era del árbol del conocimiento del bien y del mal. Incluso no debían ni siquiera tocarlo. La serpiente respondió que Dios nunca dijo nada de eso, y que el comer la fruta haría que Eva fuese como Dios.

Preguntas: ¿Qué hizo la serpiente para cambiar lo que le dijo Dios a Eva? ¿Crees qué Satanás todavía cambia la palabra de Dios hoy en día? ¿Cuál es una de sus más grandes mentiras

EL PECADO Y SUS CONSECUENCIAS: Eva encontró el fruto que era agradable a los ojos, y entonces lo comió y lo compartió con Adán. Inmediatamente, se dieron cuenta de su desnudez, se cubrieron con hojas, y se escondieron de Dios. Cuando Dios les preguntó por qué, Adán culpó a Eva y Eva culpó a la serpiente. Dios maldijo a la serpiente y declaró una guerra entre esta y la descendencia de la mujer. El hombre encaró las consecuencias del pecado con el trabajo difícil y la mujer con el dolor en el parto y una relación distorsionada con su marido. También tuvieron que dejar el Edén.

Preguntas: Cuándo pecas ¿Tratas de ocultarlo? ¿Culpas a alguien más por tu mal comportamiento? ¿Sientes qué el mundo está en un estado caído?

ESPERANZA: Dios en su misericordia vistió a Adán y a Eva con las pieles del primer sacrificio animal, mostrando la voluntad de Dios de cubrir el pecado del hombre. Dios dio la esperanza de que la descendencia de la mujer, algún día, aplastaría la cabeza de Satanás. Tanto el sacrificio que se hizo para cubrir a Adán y a Eva como el punto de la profecía acerca de la descendencia de la mujer, apuntan a que Jesús quiere vencer el pecado y destruir a Satanás.

Preguntas: ¿Crees qué Dios es misericordioso? ¿Cómo consigues liberarte de la culpa de tus pecados? ¿Crees que Jesús es lo suficientemente potente como para revertir la maldición en la tierra?

1 Corintios 15:22 "Porque así como en Adán todos mueren, también en Cristo todos serán vivificados."

NOTAS

4: EL BAUTISMO DE JESÚS

MATEO 3; SAN JUAN 1

APPROBADO

El bautismo de Jesús fue una ocasión monumental en el camino a la Cruz. Esto marcó la transición desde la preparación de Juan el Bautista hasta el inicio del ministerio público de Jesús, y es un momento profundamente especial entre Jesús y su padre.

Jesús surgió del agua del Jordán a cielo abierto, el Espíritu cayendo sobre él y la voz de Su Padre: "Y hubo una voz de los cielos, que decía: Este es mi Hijo amado, en quien tengo complacencia". (Mateo. 3:17). La palabra de Dios fue su aprobación definitiva, confirmando a su hijo. Es lo que todos los hijos desean escuchar de parte de sus padres – – que son amados y que les han complacido.

Desafortunadamente, muchos sufren el descontento de los padres, relaciones deshechas y la ausencia de su amor. Gran parte de nuestras vidas se van en la búsqueda de la aprobación y el amor que nunca hemos recibido. Incluso aquellos que pertenecen a familias muy unidas pueden anhelar dicha aprobación.

Las palabras del padre en el bautismo de Su Hijo pueden llegar a un lugar profundo dentro de nosotros. La simple declaración de Dios es lo que realmente queremos y realmente necesitamos. Pero sabemos qué no somos Jesús... Él fue perfecto y nosotros somos hechos un disastre. Nuestros deseos pueden llevarnos a todo tipo de mal; de ninguna manera puede Dios estar "complacido" con nosotros.

El Evangelio nos puede poner patas arriba cuando nos damos cuenta que por nuestra fe, y sólo por nuestra fe, tenemos la misma condición que Jesús: un hijo amado o una hija amada por Dios. Dios nos ama y Él se complace en nosotros. Ya que puede ser difícil de creer, sobre todo si estamos acostumbrados a ser una decepción ¿Cómo podemos estar seguros de que Dios está complacido con nosotros?

La respuesta a esa pregunta que puede cambiar nuestras vidas se encuentra en esta historia. Con el sello de aprobación por parte de Dios, el Espíritu Santo descendió sobre Jesús y se posó sobre Él. Y el mismo Espíritu es dado a todo el mundo que confía en Jesús: "En él también vosotros, habiendo oído la palabra de verdad, el evangelio de vuestra salvación, y habiendo creído en él, fuisteis sellados con el Espíritu Santo de la promesa". (Efesios 1:13).

A nosotros, como creyentes, se nos ha dado un sello permanente de Su inmutable amor, simplemente por creer. No necesitamos ganar su aprobación; Él nos ha sellado con ella.

Dios tu eterno Padre, está perfectamente – – cien por ciento – – complacido contigo. Solo por su gracia, has sido aprobado.

COMPARTE LA HISTORIA

San Mateo 3:16-17 "Y Jesús, después que fue bautizado, subió luego del agua; y he aquí los cielos le fueron abiertos, y vio al Espíritu de Dios que descendía como paloma, y venía sobre él. Y hubo una voz de los cielos, que decía: Éste es mi Hijo amado, en quien tengo complacencia."

CRIANZA DE JESÚS: María y José eran devotos y, en conformidad con la ley, llevaron a Jesús, como varón primogénito, para ofrecerlo al Señor en el templo. Jesús estuvo involucrado con la comunidad religiosa desde muy joven e iba con su familia, a la celebración de la Pascua en Jerusalén, todos los años. Cuando tenía doce años de edad, Él accidentalmente se quedó atrás cuando su familia regresaba a Nazaret. Sus padres regresaron y lo encontraron en una profunda discusión, con los maestros de religión, en el templo.

Pregunta: ¿Generalmente piensas que Jesús era un judío devoto? ¿Estabas curioso acerca de las cosas espirituales cuando eras joven? ¿Crecía en un hogar religioso?

MINISTERIO DE JUAN: Juan el Bautista era pariente de Jesús que resaltaba entre los demás – – vivía en el desierto, vestía con pieles de camello y comía mangostas. Su llamado fue preparar el camino para el Mesías, instando a la gente a arrepentirse y a ser bautizados con agua. Muchos confesaron sus pecados y fueron bautizados en el río Jordán.

Preguntas: ¿Sientes que tienes un llamado en tu vida? ¿Tu estilo de vida o tu apariencia hacen que resaltas entre la multitud? ¿Fuiste bautizado alguna vez? – – y ¿Qué significa eso para ti?

JESÚS DESCONOCIDO: Muchos de los que vinieron a Juan le preguntaron si él era el Mesías. Los líderes religiosos cuestionaron el hecho de que el arrepentimiento fuese necesario para los descendientes de Abraham. Mientras que la gente se preguntaba si Juan era el Mesías, Jesús, el verdadero Mesías – – vendría y no sería reconocido por su propio pueblo.

Preguntas: Si Jesús caminase por la tierra hoy día ¿Crees que sería reconocido? ¿Eres de naturaleza escéptica? ¿Sientes la necesidad de arrepentirte?

BAUTISMO DE JESÚS: Juan llamó a Jesús el "Cordero de Dios". Cuando Jesús pidió ser bautizado, Juan primero dijo que él era quien debería ser bautizado por Jesús. Durante el bautismo de Jesús, Juan sacó a Jesús del agua, el Espíritu de Dios cayó y se posó en forma de paloma sobre Jesús y una voz del cielo dijo: "este es mi hijo, a quien amo; con él me complazco.

Preguntas: ¿Está tu padre terrenal "complacido" contigo? ¿Crees que Dios está complacido contigo? ¿Crees que Jesús es el Elegido de Dios?

San Juan 1:34 "Y yo le vi, y he dado testimonio de que éste es el Hijo de Dios."

NOTAS

5: EL DILUVIO

GÉNESIS 6-9

¿CUENTO INFANTIL, TRAGEDIA O HISTORIA DE AMOR?

La historia del diluvio — o "Arca de Noé", siempre ha sido una "divertida historia de la Biblia" para niños. Es una historia que los niños ven ilustrada con un montón de colores brillantes y parejas de animales felices. Pero tenemos que parar y preguntarnos acerca de esto. El diluvio es la más dramática muerte masiva en la historia — todo el mundo (menos ocho afortunados seres humanos y una gran variedad de fauna) fue aniquilado. ¿Dónde está la diversión familiar en esta historia?

Tan pronto como nos hemos graduado de la escuela dominical para niños, podemos darnos cuenta que se trata de una terrible historia trágica. Comienza a verse como la venganza de un Dios iracundo, un Dios a quien poco le importaba si el mundo era arrastrado.

Tal vez con cierta aversión por la historia del viejo "Arca de Noé" podemos verla con cautela para encontrar un nuevo meollo dentro de ella. Mientras que muchos la han descartado como una de esas historias del "Antiguo Testamento de fuego y azufre", podemos verla desde una nueva perspectiva... y preguntarnos si esta es realmente la imagen de un Dios de amor absoluto.

Génesis 6 registra que toda la carne se había "corrompido", usando una palabra de origen hebreo que significa "arruinar" o "destruir". En otras palabras, toda la carne (todo el mundo) ya traía consigo su propia muerte masiva... la gente era tan malvada, estaba tan "llena de violencia", que fueron destruyéndose a sí mismos. La destrucción era inevitable; propagó como una desagradable putrefacción. El diluvio sólo aceleró el resultado, haciendo tabla rasa.

Durante este evento, Dios no estaba sonriendo y disfrutando en el cielo. De hecho, la Biblia dice que Dios estaba triste, literalmente le dolió en su corazón. La aflicción que sentía se podía comparar al más profundo dolor humano. Él sufría por lo que había creado.

Entonces, esta historia de juicio del Antiguo Testamento, mal enfocada como una historia para niños, es una imagen de Dios en duelo. Él no está enojado y no es impasible.

Sin embargo, Su dolor no era el fin trágico de un romance fallido. Incluso en medio de la putrefacción total y un diluvio global, Dios tenía un plan, una historia que no podría ser arrastrada. Porque había un hombre llamado Noé.

Dios decidió salvar a este hombre justo y a su familia. Y de Noé fue la simiente de David y la herencia del futuro Mesías, Jesús. En Noé se encontraba la promesa y la esperanza del mundo. Dios tenía un plan, no sólo para una familia afortunada, sino para una multitud de personas — la oferta de vida eterna a través de Jesús. Salvando a Noé, Dios nos conservó a ti y a mí.

Jesús, descendiente de Noé, ha venido a salvarnos de nuestra corrupción y nuestra putrefacción y de nuestra inevitable muerte. Ahora podemos abordar el arca y tener vida, porque Dios nos ama. Esa fue siempre la historia.

COMPARTE LA HISTORIA

Génesis 8:21 "Y percibió Jehová olor grato; y dijo Jehová en su corazón: No volveré más a maldecir la tierra por causa del hombre; porque el intento del corazón del hombre es malo desde su juventud; ni volveré más a destruir todo ser viviente, como he hecho."

CORRUPCIÓN: Cuando Adán y Eva pecaron, ellos introdujeron el mal en el mundo. Las generaciones que siguieron permitieron que el mal aumentase. Para cuando la época de Noé, el mundo estaba putrefacto y lleno de violencia. Dios lamentó haber creado el mundo y se dispuso a destruir a todos los seres vivos porque ellos ya estaban destruyéndose a sí mismos.

Preguntas: ¿Crees qué las personas son más o menos malvadas hoy día que para la época de Noé? ¿Crees qué las personas se destruyen a sí mismas con el pecado?

NOÉ: La excepción del mal global era Noé, quien vivió obedientemente ante Dios. Dios le conto a Noé acerca del diluvio venidero y de Su plan para salvar a Noé y a su familia.

Preguntas: ¿Es fácil vivir una vida pura en nuestra cultura? ¿Cómo te destacas en la cultura que te rodea?

EL ARCA + EL DILUVIO: Dios mandó a Noé a construir una gran arca sellada hecha de madera de acacia en el que él, su familia y parejas de cada especie animal viva estarían seguros durante un gran diluvio. Noé obedeció, y, junto a su esposa, sus tres hijos y sus tres nueras, sellaron la puerta a cal y canto. Durante cuarenta días, vinieron las lluvias, mientras que toda la vida en la tierra moría. Las aguas cubrieron la tierra durante casi un año mientras que Noé, su familia, y su carga seguían estando seguros.

Preguntas: ¿Cómo te sentirías si tú fueras una de las ocho personas elegidas para sobrevivir a una catástrofe mundial? ¿Crees qué un diluvio cubriría literalmente a toda la tierra?

ARCOIRIS: Mientras que las aguas retrocedían, Noé envió pájaros. Una paloma regresó con una rama de olivo, siendo señal que tierra seca había emergido, y que era seguro para quienes estaban en el arca volver a salir. Por medio de un arco iris en el cielo, Dios prometió nunca más acabar con toda la creación y le dijo a Noé y a su familia que tomasen dominio sobre la tierra y los animales.

Preguntas: ¿Qué piensas cuándo ves un arco iris? ¿Ves la historia del diluvio como una historia acerca del castigo o de la misericordia de Dios?

San Mateo 24:37-39 "Mas como en los días de Noé, así será la venida del Hijo del Hombre. Porque como en los días antes del diluvio estaban comiendo y bebiendo, casándose y dando en casamiento, hasta el día en que Noé entró en el arca, y no entendieron hasta que vino el diluvio y se los llevó a todos, así será también la venida del Hijo del Hombre."

NOTAS

6: LA TENTACIÓN DE JESÚS

SAN MATEO 4:1-11

LO QUE SE REQUIERE

Cuando Jesús fue bautizado, se llenó del Espíritu Santo. Luego dirigido por ese espíritu se fue inmediatamente al desierto, para prepararse para su Ministerio. Fue allí, después de cuarenta días de oración y ayuno, que Satanás intentó tentar a Jesús. Este evento nos permite echar un vistazo a lo que es la victoria en la guerra espiritual. Cuando Jesús estaba más débil fue tentado por el astuto tentador que había herido el calcañar de la humanidad desde el comienzo.

El diablo sabe detectar la debilidad. Sabía que Jesús estaba físicamente en modo de supervivencia, tenía hambre, estaba expuesto y aislado. En ese momento el diablo hizo su movimiento para presentar sus ingeniosas propuestas — convierte estas piedras en pan, salta desde lo alto del templo, inclínate y adórame. Él utilizó sus métodos para desafiar el conocimiento que tenía Jesús de su propia identidad, presentándole ofertas deslumbrantes y tergiversando las escrituras.

Jesús resistió, confiando en la palabra de Dios. Él utilizó las escrituras ("escrito está ") para defenderse de la tentación. No debemos suponer que la lucha contra la tentación fue fácil para Jesús, porque Él era Dios, porque Él también era humano y tenía debilidades como cualquiera de nosotros. Pero Jesús las superó y finalmente dijo: "Vete, Satanás, porque escrito está: Al Señor tu Dios adorarás, y a él sólo servirás". (Mateo 4:10).

No sabemos cuánto tiempo tomó toda esta interacción o cómo ocurrió exactamente. ¿Llegó Satanás en cuerpo físico, o las tentaciones vinieron como pensamientos, como a menudo nos ocurre a nosotros? Sólo podemos saber con certeza que si el enemigo persiguió a Jesús con sus palabras oscuras, confusas y torcidas, vendrá por nosotros, también. Aunque no vaya a ser fácil para nosotros no estaremos indefensos.

Jesús proporciona una respuesta que podemos usar contra cada ataque — — creyendo, estando de acuerdo y hablando de la palabra de Dios. La lectura de la Biblia nunca es tan importante como cuando estamos siendo atacados con acusaciones, tentaciones y engaños (sobre todo cuando el enemigo trata de usar mal las escrituras con el fin de atraparnos a nosotros). Necesitamos saber lo que dice la palabra de Dios y lo que significa su palabra. Necesitamos hablar de esta con confianza, luchar con la espada del Espíritu. No te sorprendas si te encuentras siendo bombardeado por todos lados, o si la tentación te viene en forma de pensamientos que te asustan o confunden. La guerra espiritual no es bonita. Sin embargo, la historia de la tentación muestra que Dios permitió que Su amado hijo Jesús enfrentase duras batallas espirituales. No eres menos Su hijo si la tentación te acosa; Tú te encuentras en la tropa de Jesús.

¿Dios quiere que tengamos éxito en la guerra? Sí. ¿Esta historia nos proporciona los medios para luchar contra esa guerra? Sí. ¿Tenemos que luchar solos? No. Sin importar la tentación de la que se trate y el estado de confusión en el que te encuentres, busca al Señor, buscar a Su Palabra y busca a su pueblo que luchará contigo. Tienes lo que necesitas.

COMPARTE LA HISTORIA

San Mateo 4:10 "Entonces Jesús le dijo: Vete, Satanás, porque escrito está: Al Señor tu Dios adorarás, y a él sólo servirás."

DIRIGIDO POR EL ESPÍRITU SANTO: Jesús acababa de ser bautizado y declarado el amado hijo de Dios, cuando el Espíritu Santo se lo llevó al desierto. Jesús ayunó durante 40 días y estaba hambriento y vulnerable a los ataques cuando Satanás apareció para tratar de tentarlo.

Preguntas: ¿Te has sentido abandonado en el desierto para que te valgas por ti mismo? ¿Te has sentido completamente vulnerable?

PROBANDO SU IDENTIDAD: El tentador, Satanás desafió la identidad de Jesús, diciendo: "Si eres hijo de Dios, ordena a estas piedras que se conviertan en pan." Básicamente, el enemigo sugirió que puesto que Jesús era hijo de Dios, él podía aliviar su hambre. Pero haberlo hecho habría significado obedecer a Satanás y desobedecer a Dios. Jesús respondió con las Escrituras, diciendo: "Escrito está: No sólo de pan vivirá el hombre, sino de toda palabra que sale de la boca de Dios."

Preguntas: ¿Cómo respondes a la tentación? ¿Crees qué es posible vencer la tentación?

LA TENTACIÓN DE SALTAR: El tentador llevó a Jesús hasta el punto más alto del templo y le dijo que saltase porque los ángeles le atraparían. Jesús usó las escrituras, diciendo: " escrito está también: no tentarás al Señor tu Dios."

Preguntas: ¿Has probado a Dios arriesgándote esperando a que Él te atrapará? ¿El diablo alguna vez te ha tentado a 'saltar' – – a ponerte en peligro?

QUIÉN TIENE EL PODER: Finalmente, Satanás llevó a Jesús a la cima de una montaña alta y le mostró todos los reinos del mundo. Él prometió darle todos los reinos a Jesús si él se inclinaba para adorarle. Jesús se negó, diciendo: "Vete, Satanás, porque escrito está: al Señor tu Dios adorarás y a él sólo servirás." Con esto, Satanás se dio por vencido.

Preguntas: ¿Con qué te ha tentado Satanás? ¿Qué pensaste que ganarías si te rendías a la tentación? ¿Cuál fue el resultado real de darte por vencido? ¿Es cierto que si tú no estás sirviendo a Dios, estarás sirviendo a Satanás?

Hebreos 4:15 "Porque no tenemos un sumo sacerdote que no pueda compadecerse de nuestras debilidades, sino uno que fue tentado en todo según nuestra semejanza, pero sin pecado."

NOTAS

7: LAS NACIONES

GÉNESIS 11

RECUERDOS DE BABEL

Años después del diluvio, la gente en la tierra (bisnietos de Noé) estaban unidos bajo la dirección de un poderoso guerrero llamado Nemrod. Bajo su liderazgo, idearon un brillante plan para construir un imperio con una torre que tocase el cielo.

El proyecto para la enorme torre y la extravagante ciudad les prometía poder, protección y reconocimiento. Este plan no habría podido haber sido más atractivo para una población de semidioses que no tenía necesidad de la religión anticuada de su abuelo. Habían encontrado una manera de evitar el mandato de Dios de llenar toda la tierra — ellos tomaban de nuevo el control de manos del Todopoderoso. Desde la torre, ellos podrían gobernar el mundo.

Aún después de un gran esfuerzo, ni los constructores ni la torre llegaban jamás al cielo. La historia en el Génesis no revela cual fue el final de la torre rascacielos, si se cayó por la ira de Dios o si esta permaneció inconclusa. Encontramos, sin embargo, una demolición, rápida y divina, de esta. Dios aplastó el orgullo de los corazones de la gente y derribó lo que algún día fue su imperio "inmortal".

De repente la gente no podía comunicarse. Se dispersaron por las Naciones del mundo, dejando la amada torre atrás, convertida en el vergonzoso polvo Babel (significa confusión).

Su visión altanera se convirtió en su perdición y su vergüenza.

Nemrod nunca se imaginó que el método de Dios para que el hombre llegase a las alturas del cielo implicaba que cayese bajo. La idea de construir una alta torre para llegar al cielo tenía más sentido. Pero como los inspirados creadores de las escrituras repiten una y otra vez, Dios levanta al que está caído, pero derriba a los orgullosos y a los nobles. Las alturas de su presencia están reservadas para los humildes.

La humildad es una alternativa revolucionaria para el método de Babel. El caer bajo, el dejar irse nuestras brillantes estrategias de autosuficiencia y sentirse bien con el anonimato, son cosas que marcan una forma de vida que es tan ajena a nosotros como lo fue para los descendientes de Noé. Somos más parecidos a sus descendientes que nos gustaría admitir. Amplificamos todas nuestras fortalezas y cualidades y subimos hasta una posición de poder. Aunque estemos prevenidos de la demolición que vendrá, lo hacemos una y otra vez. Escalamos, competimos con otras personas y con Dios para conseguir el dominio sobre nuestros pequeños imperios, y volvemos a caer en la confusión de Babel.

El verdadero honor nos espera en la sombra de las torres, en el lugar polvoriento de la confesión. Allí, en nuestra debilidad, admitimos que necesitamos a Dios, debemos dejar de intentar controlar la vida y alcanzar la gloria y empezar a cuestionar. Apenas susurramos las palabras, "Dios, te necesito", y se nos eleva a los cielos.

COMPARTE LA HISTORIA

Génesis 11:6-7 "Y dijo Jehová: He aquí el pueblo es uno, y todos éstos tienen un solo lenguaje; y han comenzado la obra, y nada les hará desistir ahora de lo que han pensado hacer. Ahora, pues, descendamos, y confundamos allí su lengua, para que ninguno entienda el habla de su compañero".

UN FRENTE UNIDO: Después de que Noé y su familia salieron del arca, Dios les mandó a ser fructífero, a multiplicarse y llenar la tierra. Después de muchos años, ellos se ramificaron hasta llegar a ser setenta familias diferentes. Sin embargo, ellos estaban todos unidos y hablaban una misma lengua.

Preguntas: ¿Cómo te sentirías si tu familia tuviese que poblar toda la tierra? ¿Tienes una familia grande?

CONSTRUYENDO UN IMPERIO: Las familias unidas decidieron que querían estar juntos y construir un imperio. Esto era una desobediencia directa al mandamiento de Dios de llenar la tierra. Nemrod, el bisnieto de Noé dirigió el esfuerzo para construir una torre que llegase hasta el cielo, un templo que conectaría al pueblo con "los dioses". Querían hacerse conocidos y convertirse en un pueblo poderoso.

Preguntas: ¿Puedes pensar en alguien que siempre está tratando de crear su propio imperio? ¿Crees qué esa persona tiene éxito?

CONFUSIÓN: Dios observó al pueblo y el imperio que estaban construyendo, y decidió ponerle fin. Ya que las personas se estaban volviendo demasiado poderosas y orgullosas, Dios enredó su idioma para que la gente no pudiese entenderse y se dispersase. El lugar donde habían comenzado a construir su imperio era conocido como Babel, término que significa confusión.

Preguntas: ¿Crees qué el orgullo siempre conduce a una caída? ¿Qué crees que pasaría si todo el mundo fuese un imperio unido?

DIVERSIDAD + NO SOMOS DIOS: Debido al incidente de Babel, nuevos idiomas y culturas comenzaron a desarrollarse, y el mundo llegó a ser más diverso. La gente se vio obligada a enfrentar sus propias limitaciones y a saber que no eran Dios.

Preguntas: Hay casi 7.000 idiomas que se hablan en el mundo de hoy. ¿Cuántos conoces? ¿Aprecias la diversidad? ¿Cómo te reconcilias con el hecho de que tienes limitaciones?

San Lucas 1:51-52 "Hizo proezas con su brazo; Esparció a los soberbios en el pensamiento de sus corazones. Quitó de los tronos a los poderosos, Y exaltó a los humildes."

NOTAS

8: JESÚS LLAMA A LOS DISCÍPULOS

SAN LUCAS 5

EL LLAMADO DELEITOSO DE CRISTO

El llamado de Jesús a cuatro de Sus discípulos, que se encuentran en Lucas 5, da un ejemplo de cuando Jesús debía estar sonriendo. El pasaje no lo afirma claramente, pero podemos sentir un espíritu alegre en la escena. Es fácil imaginar la luz en los ojos de Jesús, cuando los llama a embarcarse en una aventura.

Junto al mar de Galilea, Jesús vio a sus amigos quienes eran pescadores. Deben haberse visto desanimados, habiendo pasado por una noche de pesca y sin tener nada en sus redes. Jesús subió a uno de las barcas y pidió a Simón que la alejara un poco de la orilla. Desde allí, Jesús enseñó a la multitud que había reunido. Cuando terminó, le dijo a Simón que llevase la barca a la parte honda del lago para pescar. Agotado, Simón le explicó que nada quería picar. Pero hizo lo que Jesús le pidió, llevando la barca hacia el mar.

En aguas más profundas, soltaron la red y se llenó tan rápido de peces que estos comenzaron a rasgarla. Imagina la expresión de Simón cuando la red de repente se desbordaba de pescados. Simón llamó para que viniesen otros pescadores a ayudarles y sacaron más peces de los que Simón jamás hubiese visto. Las barcas estaban tan cargados que empezaron a hundirse en las profundas aguas. ¿Te preguntas si Jesús estaba riéndose con alegría? Simón, sin embargo, estaba asustado, y cayó delante de Jesús, justo entre los peces, exclamando: "¡Vete lejos de mí, Señor, porque soy hombre pecador!"

Jesús, conociendo perfectamente el pecado de Simón, no se inmutó ni dejó de sonreír. En cambio respondió, ¡No temas, de ahora en adelante, serás pescador de hombres! (Lucas 5:10) La alegría de Jesús se hizo contagiosa. Llegaron a la orilla y los cuatro pescadores, incluyendo a Simón — aún atónito— dejaron todo atrás, incluyendo la fortuna de peces aún saltando en las barcas, para seguir a Jesús y convertirse en pescadores de hombres a tiempo completo.

A menudo pensamos en el llamado de Jesús y creemos que esta viene como una severa advertencia sobre nuestros pasados pecados y una lista de lo que debemos hacer en el futuro. Nosotros podríamos imaginarle cruzado de brazos mientras nos ve, porque hemos sido egoístas, nos hemos priorizado nuestro propio negocio en lugar de la obra del Señor. Pero no es así. Jesús llamó a estos hombres con deleite. No los avergonzó por sus pasados, y él les invitó a usar sus habilidades terrenales para la eternidad. No pudieron hacer nada más que seguirle. La alegría de Jesús sustituyó sus tinieblas. La abundancia de Dios sustituyó su falta. La vocación del Señor les convirtió simples pescadores en grandes pescadores de hombres, sobre quienes hoy en día leemos en las Escrituras.

¿Cristo te llama en tu vida? Serías capaz de identificarlo como una sensación de placer, plenitud y posibilidad. Su llamado no es para avergonzarte o aplastarte, sino para liberarte. Es un derecho, no un deber. Es una aventura que no puedes dejar de aceptar.

COMPARTE LA HISTORIA

San Lucas 5:10b: "Pero Jesús dijo a Simón: No temas; desde ahora serás pescador de hombres.'"

MINISTERIO DE JESÚS: Jesús comenzó Su ministerio público después de ser bautizado y haber enfrentado la tentación. Él anduvo enseñando, sanando y echando fuera demonios, su fama creciendo mientras las personas se sentían atraídas por Él. Sin embargo no fue aceptado en su propia ciudad natal. Nazaret. Jesús dejó Nazaret, reuniendo multitudes por toda Galilea que querían escuchar sus enseñanzas. Jesús vino al mar de Galilea y empezó a dirigirse al pueblo desde la barca de su amigo Simón.

Preguntas: ¿Por qué crees que Jesús se montó en la barca? ¿Crees qué él tenía una razón práctica para llevar la barca de la orilla? ¿Habrías dejado qué Jesús tomase prestado tu barca, como lo hizo Simón?

UN MANDATO EXTRAÑO: Cuando terminó su enseñanza, Jesús le dijo a Simón que llevase la barca a aguas más profundas para capturar algunos peces. Después de explicar que él y sus amigos (Santiago y Juan) estaban cansados y habían pescado toda la noche sin haber hecho ni siquiera una sola captura, Simón obedeció de todas formas el mandato de Jesús.

Preguntas: ¿Por qué podría parecerle extraño el mandato de Jesús a los pescadores? ¿Cómo habrías reaccionado tú al mandato de Jesús, si hubieses estado en los zapatos de Simón Pedro? ¿Alguien en quién confías te ha dado instrucciones aparentemente extrañas, pero las seguiste de todos modos?

PESCA MILAGROSA: En aguas más profundas, los pescadores siguieron las instrucciones de Jesús. Sus redes comenzaron a estallar debido a la cantidad de peces que capturaron. Pidieron ayuda y, aún con la ayuda de otra barca, ambas barcas comenzaron a hundirse debido al peso de los peces. Estaban todos asombrados, y Simón cayó a los pies de Jesús lleno de temor y humildad.

Preguntas: ¿De qué se dio cuenta Pedro cuándo Jesús se le acercó y le dijo, "¡Apártate de mí Señor, porque soy hombre pecador!"? (Lucas 5:8). ¿Qué crees que pensaba de sí mismo? ¿Has confiado alguna vez en Jesús para demostrarte lo que significa tener el Señor haciendo cargo de una situación, de un trabajo o incluso de tu vida?

PESCADORES DE HOMBRES: Jesús le dijo a Simón que no temiese y le explicó que se convertiría en pescador de hombres en vez de un pescador corriente. Cuando llegaron a tierra, Simón, Santiago y Juan dejaron su milagrosa captura detrás para seguir a Jesús.

Preguntas: ¿Por qué crees que Jesús dijo, "no temas" en el versículo 10? ¿Crees qué Jesús demostró a estos discípulos que él era de confiar? ¿Qué dejaste atrás para seguir a Jesús o qué podría estar reteniéndote para que confíes en Jesús hoy mismo? ¿Qué crees que significa ser "pescadores de hombres"? ¿A quién podrías "pescar" hoy en día?

NOTAS

9: ABRAHAM

GÉNESIS 12

ESPERANZA CONTRA ESPERANZA

En el Génesis, la historia de Abraham se encuentra inmediatamente después de la tragedia de Babel. No es un error que estos dos relatos se encuentren el uno al lado del otro. Después de la inutilidad de los constructores de Babel tratando de encontrar una manera de llegar al nivel de Dios, Dios señaló a Abram, un hombre sin importancia y le prometió engrandecer su nombre. En contraste flagrante con Babel, Abram, a quien más adelante se le daría el nombre de Abraham, recibió la bendición de Dios quien basó dicha bendición en un gran logro: él creyó a Dios.

Dios mandó a Abram a salir de su casa, prometiéndole una nación, descendientes, tierra y una bendición. La promesa, sin embargo, se dio sin ningún tipo de fianza tangible para el fiador. Abraham era un hombre ordinario, enviado a ser un extranjero en una tierra extraña, con una mujer que era estéril. De edad avanzada, no veía señales de grandeza en su futuro, mucho menos preveía tener una multitud de descendientes. Pero Abram tuvo esperanza en la promesa de Dios y voluntariamente se embarcó en el viaje.

Hoy en día dar la palabra o hacer una promesa vale poco. Hemos aprendido a buscar pruebas y a aplicar la lógica perfecta para llegar a creer lo que nos dicen, lo hacemos para protegernos de ser dañados o decepcionados. Pero cómo pueblo llamado por Dios, estamos en condiciones de creer en la palabra que viene de Dios, aun cuando no tengamos una evidencia inmediata. Abraham nunca pensaba ver cumplida la promesa de tener numerosos descendientes; apenas vio las estrellas en el cielo nocturno y creyó lo que Dios le dijo. (Génesis 15:5).

Jesús lo puso más claro aún cuando dijo que Abraham anticipaba la venida del Mesías y se gozó (San Juan 8:56). Siendo el último heredero por medio de quien millones se unirían a la familia de Abraham, el Mesías nació miles de años después de que Abraham viviese y muriese. Sin embargo, Abraham estaba encantado de confiar en la palabra de Dios y de confiar en que el Mesías vendría.

Estamos llamados a ejercer este tipo de fe precisamente cuando toda evidencia parece faltar o ser ambigua o incompleta. Cuando parece imposible que se pueda cumplir la promesa de Dios, podemos esperar contra toda esperanza tal y como hizo Abraham a que le llegase la bendición que Dios le había prometido.

Si creemos que no estamos condenados a fracasar aún cuando veamos nuestro propio fracaso, o si creemos que todas las cosas resultan para nuestro bien, aunque perdamos y suframos, nosotros tenemos la elección. Existen una docena de "razones" para creer en nuestra propia lógica, sentimientos y percepciones, pero tenemos la opción de creer en la palabra de Dios, en Su promesa. La evidencia de las escrituras es innegable – – desde el Génesis hasta el final de la revelación: Dios nunca rompe una promesa. Se puede confiar en Su palabra.

¿Qué te está pidiendo Jesús que creas a pesar de la evidencia que tienes hoy en día? ¿Te unirás a la compañía de Abraham porque estás dispuesto a hacer una jugada basada en la fe?

ABRAHAM: GÉNESIS 12

COMPARTE LA HISTORIA

Génesis 12:2-3 "Y haré de ti una nación grande, y te bendeciré, y engrandeceré tu nombre, y serás bendición. Bendeciré a los que te bendijeren, y a los que te maldijeren maldeciré; y serán benditas en ti todas las familias de la tierra".

EL LLAMADO: Mientras vivía en un lugar llamado Harán, Abram escuchó el llamado de Dios para que fuese a la tierra de Canaán. Abram obedeció y dejó su hogar y a su familia extendida para irse a una tierra desconocida.

Preguntas: ¿Consideras dónde vives tu hogar? ¿Dejaste tu hogar de origen para irte a un lugar desconocido?

LA PROMESA, PARTE 1: Junto con el llamado para ir a Canaán, Dios también entregó a Abraham una promesa. Dios prometió que él crearía a una gran nación de Abram, que él bendeciría a Abram, y que haría grande su nombre.

Preguntas: ¿Cuáles son algunas promesas que te han hecho? ¿Cómo puedes confiar en que esas promesas se cumplirán?

LA PROMESA, PARTE 2: En la segunda parte de su promesa, Dios dice que Abram sería una bendición, que quien lo bendijese sería bendecido, que quien le maldijese sería maldito, y que a través de Abram, serían bendecidas todas las naciones del mundo.

Preguntas: ¿Qué te parece el hecho de que cuándo Dios te bendice, tú te conviertes en una bendición?

LA RESPUESTA: Abram creyó en Dios y respondió obedeciéndole y adorándole. Cuando del principio él entró en la tierra de Canaán, Abram creó un altar para adorar a Dios. Luego se mudó a una ciudad llamada Betel y montó otro altar allí.

Preguntas: ¿Estás dispuesto a obedecer a Dios? ¿Crees qué Él hará lo que él dice? ¿Adoras a Dios antes de que una promesa se cumpla?

Gálatas 3:9 "De modo que los de la fe son bendecidos con el creyente Abraham."

NOTAS

10: JESÚS SANA AL PARALÍTICO

SAN MARCOS 2:1-12

¿OBSERVADORES O PARTICIPANTES?

Jesús había regresado a Capernaun, y todo el mundo lo sabía.

Las Sagradas Escrituras registran que la casa donde Él se hospedaba, donde Él podría haber disfrutado de un descanso y de la privacidad lejos de las multitudes, estaba llena de gente. Todos habían venido a ver a este hombre que podía obrar milagros.

Jesús les recibió y comenzó a enseñarles la palabra de Dios. Fue interrumpido en la mitad de una oración y fue enfrentado a un hombre necesitado y a sus cuatro amigos determinados. Los cuatro hombres habían abierto un agujero en el techo que estaba por encima de Jesús y luego bajaron el lecho en que yacía su amigo paralizado y lo pusieron justo en frente de Él. Era la única manera de llegar a Jesús para que obrase en él una curación milagrosa.

Jesús dijo al paralítico, "Hijo, tus pecados te son perdonados" (Marcos 2:5). Inmediatamente, esta frase divide a los presentes en dos grupos, aquellos que sólo habían venido a escuchar lo que Jesús diría y aquellos que creían que Jesús era el hijo de Dios, estos últimos se convirtieron en participantes del Reino de Dios.

Los maestros religiosos de la ley que escucharon la declaración de Jesús se sintieron perturbados. No dijeron nada, pero en sus corazones, condenaron a Jesús por decir que perdonaba los pecados — por asumir el mismo papel de Dios. Jesús les preguntó, "¿Por qué caviláis así en vuestros corazones?" (Marcos 2:8) Y luego, para mostrar su poder sobre el pecado, sanó al paralítico, quien fue capaz de caminar hacia fuera a través de la multitud. Sin embargo un milagro como este no podría convencer a los líderes religiosos de que Jesús vino a traer el Reino de Dios a todas las personas. Ellos observaron, pero nunca participaron.

Por otra parte, los cuatro amigos que habían oído de Jesús dieron primeros pasos de fe. Se convirtieron en participantes activos del Reino de Dios trayendo a su amigo a Jesús para que este obrase un milagro. Y el poder de Jesús se hizo presente, no para los observadores religiosos que estaban presentes, sino para el hombre desesperado que dio un salto de fe, incluso antes de que pudiera caminar.

El contraste era evidente. Los religiosos habían llegado temprano para encontrar lugar en la casa. Los cuatro hombres y su amigo paralítico se presentaron tarde y buscaron una manera de llegar ante Jesús.

Los líderes religiosos estaban en el mismo salón con Jesús, silenciosamente escudriñando sus palabras. Los cuatro hombres ejercieron una confianza extrema al buscar acceso a Jesús a través del techo.

Los religiosos fueron corteses y mantuvieron su dignidad. Los cuatro hombres interrumpieron el servicio y dañaron la casa en su prisa por traer a su amigo ante Jesús.

Los religiosos habían venido a ver un espectáculo. Los amigos habían venido buscando ayuda. El paralítico fue liberado de su culpa y de su enfermedad. Los religiosos no sentían ninguna necesidad de Jesús. El hombre que habían sido paralizado se marchó siendo libre. Los religiosos se fueron aún paralizados por su propia culpa.

El poder del Reino sólo se reveló cuando los desesperados se presentaron e interrumpieron el servicio. Jesús libera a un hombre del control que el pecado ejercía sobre él, de la culpa y de la enfermedad. Pero, ¿con qué frecuencia estamos entre los religiosos, asistiendo cortésmente al servicio y nunca participamos en el Reino de Dios? ¿Será hora de alterar el orden de la adoración?

COMPARTE LA HISTORIA

San Marcos 2:10-12 "Pues para que sepáis que el Hijo del Hombre tiene potestad en la tierra para perdonar pecados (dijo al paralítico): A ti te digo: Levántate, toma tu lecho, y vete a tu casa. Entonces él se levantó en seguida, y tomando su lecho, salió delante de todos, de manera que todos se asombraron, y glorificaron a Dios, diciendo: Nunca hemos visto tal cosa."

¿A QUÉ DISTANCIA IRÍAS?: Jesús no podía entrar en una ciudad sin ser abrumado por la gente. Cuando los enfermos y poseídos por el demonio vinieron a Él, Él les sanaba y les bridaba libertad. Él comenzó a retirarse a lugares recónditos para encontrar tiempo para estar a solas con Dios. Cuando regresó a casa de Simón en Capernaun, las personas llenaron la casa. Mientras Jesús enseñaba, cuatro amigos atravesaron el techo y bajaron a su amigo paralizado en su lecho y lo pusieron justo en frente de Jesús. Querían que Jesús sanase a su amigo.

Preguntas: ¿A qué distancia estarías dispuesto a ir para conseguir la curación para un problema físico? ¿Cuán lejos irías para conseguir la curación de un amigo? ¿Algunas veces te retiras de las multitudes y encuentras un momento para estar a solas con Dios? ¿Alguna vez has hecho algo loco para acercarte a una persona famosa?

¿QUÉN TIENE EL PODER PARA PERDONAR LOS PECADOS?: Cuando Jesús vio al paralítico y a sus cuatro amigos, Él reconoció su fe genuina. En lugar de curar al hombre inmediatamente, se encargó primero del espíritu del hombre para liberarlo de la culpa, diciendo: "Hijo, tus pecados te son perdonados". Los maestros religiosos pensaban que Jesús estaba ofendiendo a Dios por afirmar que Él podía perdonar los pecados. Ellos no creían que Jesús fuese nada más que un hombre.

Preguntas: ¿Cómo lidias con la culpa? ¿Puede otra persona liberarte de la carga de tu culpa? ¿Puede hacerlo Dios? ¿Podría una enfermedad física ser el resultado de problemas internos, como la culpa o el miedo?

ÉL CONOCE NUESTROS PENSAMIENTOS: Jesús sabía inmediatamente lo que los maestros religiosos estaban pensando y les preguntó por qué tenían malos pensamientos acerca de Él. Reveló que Dios conoce todos los secretos del corazón – de la gente – y que Él es Dios.

Preguntas: ¿Tienes secretos que no le dirías a nadie? ¿Crees qué eres la única persona que sabe lo que estás pensando? ¿Crees qué puedes ocultarle algo a Dios?

SANANDO AL PARALÍTICO: Jesús preguntó a los maestros de la ley si sería más fácil decirle al hombre que estaba perdonado o decirle que caminase. Para demostrar que tenía el poder de perdonar pecados, Jesús dijo al paralítico, "Levántate, toma tu lecho y vete a casa". El hombre se levantó al instante — estaba curado.

Preguntas: ¿Has visto a alguien sanarse instantáneamente? ¿Crees qué podrías estar sufriendo porque no has recibido el perdón de Dios? ¿Crees que Dios puede sanar?

Salmo 103:2-3 "Bendice, alma mía, a Jehová, y no olvides ninguno de sus beneficios. Él es quien perdona todas tus iniquidades, Él que sana todas tus dolencias".

NOTAS

11: ISAAC

GÉNESIS 15-22

EL REGALO Y EL SACRIFICIO

Isaac entró al mundo como un regalo esperado. Él trajo a sus ancianos padres la risa junto con la garantía de que Dios les cumpliría sus promesas. Isaac fue enviado por el cielo, como dice en Santiago: "Toda buena dádiva y todo don perfecto desciende de lo alto, del Padre de los luces, en la cual no hay mudanza, ni sombra de variación." (Santiago 1:17).

Sin embargo, cuando Isaac era joven, casi fue entregado como sacrificio inesperado. Después de que Dios milagrosamente le regaló Isaac a Abraham, Él exigió que este regalo le fuese devuelto: "Y dijo: Toma ahora tu hijo, tu único, Isaac, a quien amas, y vete a tierra de Moriah, y ofrécelo allí en holocausto sobre uno de los montes que yo te diré". (Génesis 22:2).

Fue una petición terrible. ¿Cómo podía Dios pedir a un hombre que sacrificase a su hijo más querido, para devolverle el regalo más precioso que el cielo le hubiese dado? Este fue un momento en que cualquier otro habría llamado a Dios malvado. Pero Abraham, un hombre de extraordinaria fe, no cuestionó a Dios. Esperó al Señor para mostrarse fiel, aún hasta el momento antes de que el filo hubiera herido a Isaac. Y cuando el ángel gritó, deteniendo la mano de Abraham y liberando a Isaac, Dios mostró su bondad y su amor.

Pero la historia nos revela que Dios todavía exigió un sacrificio.

Un carnero salvaje apareció, enredado entre los arbustos. Abraham sacrificó al carnero y llamó al lugar, el SEÑOR proveerá.

La vida de Isaac no sólo representa un regalo del cielo para Abraham y Sara, sino que también es un recordatorio de que Dios proveería un sustituto de sacrificio, es una muestra de lo que haría a través de Jesús. Jesús sería su regalo para el mundo – – Jesús, su hijo de la promesa, que descendería del cielo. Pero Jesús también sería el último sacrificio. Dios nos presenta ambas caras de la moneda, al ofrecer a su propio hijo. Jesús es regalo y es sacrificio.

La historia de Isaac es nuestro recordatorio de que nada viene de nosotros. Todo lo que deseamos y lo que necesitamos, incluso los mandatos de Dios, los encontramos en Cristo. ¿Nos habremos desviado de necesitar Dios como el proveedor? ¿Nos hemos dependido de los regalos que tenemos en nuestras manos o en los sacrificios que hacemos para satisfacer nuestras necesidades? Creemos nuestro propio recordatorio que dice el SEÑOR proveerá y siempre seamos satisfechos en Cristo sólo.

COMPARTE LA HISTORIA

Génesis 18:14 "¿Hay para Dios alguna cosa difícil?"

Génesis 22:7b-8 "He aquí el fuego y la leña; mas ¿dónde está el cordero para el holocausto? Y respondió Abraham: Dios se proveerá de cordero para el holocausto, hijo mío. E iban juntos".

LA PROMESA: Cuando Dios prometió a Abram que se convertiría en una gran nación, él cuestionó a Dios porque él no tenía hijos, y su esposa Saraí era estéril. Pero Dios respondió diciéndole que Él haría que los descendientes de Abraham fuesen tan numerosos como las estrellas. Abraham tenía que esperar para ver cumplida la promesa.

Preguntas: ¿Por qué crees que Dios a menudo nos pide esperar por Su promesa? ¿Cómo te sientes cuándo estás esperando por algo?

RISA: Abram y Saraí querían creer en Dios, pero se imaginaron que deberían ayudar a Dios para que este pudiese cumplir con su promesa. Saraí le dijo a Abram que durmiese con su criada Agar y Agar tuvo un hijo, Ismael. Pero Dios le dijo a Abram que un hijo llegaría a través de Saraí y Dios cambió sus nombres a Abraham y a Sara. Dios envió a tres ángeles para que le dijeran a Abraham que ese hijo nacería en un año. Abraham y Sara se rieron porque no creyeron que fuese posible.

Preguntas: ¿Alguna vez te has reído de la palabra de Dios y has pensado que algo era imposible? ¿Cómo te sentirías si a los 90 años de edad alguien te dijese que vas a tener un hijo?

CUMPLIMIENTO: Dios cumplió su promesa. Cuando Abraham tenía 100 años y Sara tenía 90 años, tuvieron un hijo. Le llamaron Isaac, que significa "risa."

Preguntas: ¿Has experimentado un milagro? ¿Crees qué Dios puede hacer lo imposible?

SACRIFICIO: Hace muchos años, Dios pidió inesperadamente a Abraham que ofreciese a Isaac, el hijo de la promesa, como sacrificio. Abraham demostró su fidelidad a Dios y trajo a Isaac a la montaña y le puso sobre el altar. Antes de que Abraham pudiese sacrificar a Isaac, un ángel lo detuvo. Dios entonces proveyó un carnero como sacrificio sustituto que tomaron el lugar de Isaac. Esta historia es un presagio de cómo Dios ofreciera a su propio hijo, Jesús, como un sacrificio. Jesús es el sacrificio sustituto que toma nuestro lugar.

Preguntas: ¿Estarías dispuesto a sacrificar a tu hijo si Dios te pidiese? ¿Sabes qué Dios sacrificó a su hijo por nosotros?

San Lucas 1:37 "porque nada hay imposible para Dios."

NOTAS

12: EL SEGUNDO NACIMIENTO DE NICODEMO

SAN JUAN 3:1-21

VIENDO EL REINO

El Reino de Dios está aquí. ¿Puedes verlo?

Es una extraña pregunta, especialmente porque Jesús dijo claramente que el Reino de Dios no vendría con advertencia o con signos visibles (Lucas 17:20).

Nicodemo, un líder político y teológico en Jerusalén, estaba buscando el Reino de Dios. Cuando escuchó de Jesús, y que Él podía hacer milagros, Nicodemo pensó que había encontrado una pista para su búsqueda.

Nicodemo esperó el momento oportuno y se deslizó a ver a Jesús una noche. Sinceramente, le dijo a Jesús que los líderes religiosos lo tenían bastante claro, Sabemos que eres un maestro que viene de Dios.

Jesús no esperó a que Nicodemo hiciese la pregunta, y se refirió al deseo que se encontraba en el corazón de Nicodemo: "De cierto, de cierto te digo, que el que no naciere de nuevo, no puede ver el reino de Dios". (Juan 3:3). Como líder judío devoto que anticipaba la llegada de un gobierno justo a Israel, Nicodemo estaba confundido. Si el Reino fuese a venir, ¿cómo podría alguien perdérselo? ¿Y si ya había llegado, cómo había podido él pasarlo por alto?

Jesús habló como si el Reino ya estuviese presente.

En una sola frase, Jesús desmanteló todo lo que él creía que Dios les tenía reservado. En lugar de esperar a un líder guerrero que liberaría a la nación, Nicodemo fue invitado a experimentar el Reino de Dios en ese momento. En lugar de buscar shalom con esfuerzo físico, se le dio la oportunidad de entrar a este por medio de un renacimiento espiritual.

Jesús dijo a Nicodemo cómo un hombre podía nacer de nuevo – – al creer en Jesús, el hijo de Dios y el hijo del hombre. Aquella persona que pone su fe en Él verá el Reino y lo verá crecer, hasta que la conocimiento de la gloria del Señor cubra la tierra.

El Reino de Dios – – un lugar donde moran el amor, la alegría, la paz y la justicia – – tiene una puerta abierta. No es una nación física (todavía), pero es una familia, un refugio y un hogar. Es donde la gloria de Dios es descubierta, y dura hasta la eternidad. ¿Ves el Reino?

La pregunta no debe incitarte a buscar en las noticias o a buscar en Google. Pero si has estado esperando como Nicodemo y todavía no has visto el Reino de Dios, sólo tienes que creer y renacer en él.

EL SEGUNDO NACIMIENTO DE NICODEMO: SAN JUAN 3:1-21

COMPARTE LA HISTORIA

San Juan 3:3 "Respondió Jesús y le dijo: De cierto, de cierto te digo, que el que no naciere de nuevo, no puede ver el reino de Dios. "

VISITANTE NOCTURNO: Muchos de los maestros religiosos acusaban a Jesús de blasfemia porque él decía que tenía la misma autoridad que Dios. Pero Nicodemo, un fariseo que formaba parte del consejo gobernante judío, sabía que Jesús había sido enviado por Dios. Él vino a Jesús de noche, posiblemente para que los otros dirigentes religiosos no lo supiesen. Pero su corazón era humilde y abierto a la verdad.

Preguntas: ¿Estás abierto a creer que Jesús es Dios? ¿Crees que Jesús era un mentiroso, o que sus palabras eran verdaderas? ¿Te sentirías incómodo si la gente te viese hablando sobre Jesús?

EL REINO DE DIOS: Jesús le dijo a Nicodemo que nadie podía ver el Reino de Dios a menos que naciese de nuevo. Nicodemo estaba confundido por esto y le preguntó cómo podía un hombre nacer por segunda vez. Jesús le explicó que nacer de nuevo significaba que uno naciese del agua y del Espíritu. Sus palabras se referían al bautismo de arrepentimiento y de recepción del Espíritu Santo. Esto iba contra de lo que Nicodemo siempre había creído, que se entraba en el Reino de Dios por tradición y por el cumplimiento de la ley.

Preguntas: ¿Qué crees que quería decir Jesús cuándo hablaba del Reino de Dios? ¿Cómo crees que una persona puede entrar en el Reino de Dios? ¿Una persona es cristiana porque sus padres lo sean?

LA SERPIENTE EN EL DESIERTO: Puesto que Nicodemo no podía entender, Jesús se refirió a una historia que Nicodemo comprendería: cuando los israelitas se rebelaron contra Dios, Él envió serpientes venenosas a su campamento. Murieron víctimas de mordeduras de serpientes. Cuando Moisés oró pidiendo ayuda, Dios le dijo que construyese y levantase una serpiente de bronce. Cualquiera persona quien haya sido mordido y miró la serpiente de bronce viviría. Jesus le dijo a Nicodemo que, al igual que Moisés que levantó la serpiente en el desierto, así deberá el hijo del hombre ser levantado (en una Cruz). Todo aquel que cree en Él vivirá.

¿Preguntas: Si estuvieses muriendo por una mordedura de serpiente, y alguien dijese que todo lo que tienes que hacer para curarte es mirar una escultura de bronce, lo harías? Y si tus amigos estuviesen muriendo a causa de lo mismo, ¿También los llevarías hasta la escultura de bronce?

LA VIDA ETERNA: Después de la conversación de Jesús con Nicodemo está uno de los más famosos pasajes de las escrituras: "Porque de tal manera amó Dios al mundo, que ha dado a su Hijo unigénito, para que todo aquel que en él cree, no se pierda, mas tenga vida eterna". (Juan 3:16). El mensaje de Jesús es una invitación a todas las personas a creer en Él y a encontrar vida. Los que le rechacen, por no creer que él sea el hijo de Dios, están condenados a ser separados de Él.

Preguntas: ¿Sabes qué dice Juan 3:16? – – y ¿Qué significa esto para ti? ¿Qué sucede con alguien que no confía en Jesús?

NOTAS

13: JACOB

GÉNESIS 25-33

PREPARADO PARA LUCHAR

¿Quién tiene derecho a luchar contra Dios? ¿Nadie? ¿Quién es digno de acercarse al Santo Dios para confrontarle? ¿Era Jacob digno de hacerlo? Ya sea que hayas respondido sí o no, él lo hizo. Él peleó – – más exacto luchó – – con Dios para conseguir una bendición. Él se montó en el ring con el creador, frente en alto y los músculos flexionados. ¿Quién haría algo así? La respuesta natural es que sólo un hombre perfecto y santo. Pero Jacob era cualquier cosa menos perfecto. Le llamaban el "agarrador de talon" porque era aguerrido, engañador y mañoso. Él estaba ávido de una bendición y habría hecho cualquier cosa para obtener ese premio. Nada sobre este hombre lo hacía digno de luchar contra Dios, mucho menos de acercarse a Él.

Y Jacob lo sabía – – él no se engañaba a sí mismo. Su combate de lucha libre contra Dios está precedido en las Escrituras por una modesta oración: "Oh Dios... Yo no soy digno". Sentado a la víspera de una reunión potencialmente devastadora entre hermanos, él sabía que su hermano Esaú podría liberar la ira contenida durante veinte años en tan sólo algunas horas. Jacob había robado la primogenitura y la bendición de Esaú. En medio del miedo y con honestidad, Jacob reconoció ante Dios, Yo no soy digno de la menor de todas las misericordias y de la verdad que le has mostrado a tu siervo.

Entonces, las Escrituras registran que luchó toda la noche con "un hombre", a quien reconoció como Dios. Jacob luchó tenazmente con este hombre, diciendo: "no te dejaré ir si no me bendices." (Génesis 32:26) Indigno como él sabía que era, Jacob luchó. Luchó hasta que el hombre celestial no pudo prevalecer. Y Dios bendijo a Jacob por esto. Dios recompensó su lucha.

Tendemos a ser menos despiadados que Jacob cuando se trata de Dios. Somos demasiado "humildes" para pedir una bendición, un regalo, una curación o un encuentro con Él. Creemos que somos indignos de recibir nada de Dios, mucho menos disputar a Dios con nuestra voluntad. Sí, Jacob fue bendecido por su comportamiento batallador. ¿Debemos hacer un intento o dejar esta historia en el Antiguo Testamento?

¿Entonces qué entendemos acerca de Jesús cuándo nos insta a imitar a una persistente viuda? La viuda llevó su caso una y otra vez a un juez indiferente y rígido. Finalmente decidió con justicia, no porque él fuese bueno o porque fuese digno a sus ojos, sino porque ella persistió. En realidad, ella se convirtió en una molestia para él hasta el punto en que él le dio la bendición. Jesús nos dijo que vayamos a Dios como ella. Hay algo acerca de los luchadores que Dios desea; algo sobre una lucha apasionada que Dios bendice.

Por supuesto no somos dignos de pedir regalos, y mucho menos de luchar contra Dios para conseguir una bendición. Pero Jacob no lucha con Dios porque pensase que era digno. Dios había prometido que Jacob prosperaría, sería bendito y se multiplicaría. Basándose en el valor de la palabra de Dios, Jacob luchó.

Jesús nos convoca, "pedid, y se os dará; buscad, y hallaréis" (Mateo 7:7). No debemos temer que nuestra lucha con Dios vaya a hacer tambalear el universo y convertirlo en un desorden, o que "forzamos" Dios a hacer nuestra voluntad. Ya que Él está llamándonos al ring para que luchemos con Él – – para que pidamos, busquemos, golpeemos y persistamos hasta que recibamos – – también podríamos decirnos ¿Por qué no?

COMPARTE LA HISTORIA

Génesis 28:15 "He aquí, yo estoy contigo, y te guardaré por dondequiera que fueres, y volveré a traerte a esta tierra; porque no te dejaré hasta que haya hecho lo que te he dicho".

AGARRADOR DE TALÓN: Jacob fue uno de los hijos gemelos nacidos de Isaac y Rebeca. Salió de la matriz agarrando al talón de su hermano Esaú. Aunque él era el más joven, luchó por los derechos de primogénito, y cuando crecieron él regateó por la primogenitura de Esaú. Incluso cuando Isaac estaba muriendo, Jacob engañó a su padre y pretendió ser Esaú para recibir la bendición del primogénito. Esaú odiaba a Jacob por esto y Jacob huyó para salvar su vida.

Preguntas: ¿Qué opinas sobre el hecho de que Jacob fuese un astuto y engañoso? ¿Eres tú quién generalmente manipula a otros para obtener una bendición o eres el que te dejas manipular?

LA CASA DE DIOS: Jacob se fue a Harán donde esperaba encontrar una esposa. En su viaje, una noche soñó que veía una escalera que bajaba del cielo y ángeles subiendo y bajando por ella. Dios le habló, diciéndole que le daría a Jacob y a sus descendientes toda la tierra a su alrededor. Jacob se despertó y, al darse cuenta que había estado en la "casa de Dios", prometió servir a Dios mientras Dios cumpliese su palabra.

Preguntas: ¿Alguna vez has tenido una visión que parecía real? ¿Sirves a Dios de manera condicional?

LA FAMILIA DE RAQUEL: Jacob llegó a su destino e inmediatamente conoció a la mujer de sus sueños, Raquel. Pero el padre de Raquel, Labán hizo que Jacob trabajase siete años para darle su mano en matrimonio. Después de siete años de trabajo, a Jacob se le dio la otra hija de Labán, Lea. Después de otros siete años de trabajo, Jacob se casó con Rachel y se llevaron su familia puesto que Labán les había engañado.

Preguntas: ¿Alguna vez has hecho algo drástico para ganar al hombre o a la mujer de tus sueños? ¿Aguantarías a un jefe corrupto por el bien de alguien a quién amas?

LUCHA: Jacob supo que su hermano Esaú quería reunirse con él después de haber estado separados por veinte años. La noche antes de la reunión, un ángel de Dios vino a Jacob y se lucharon hasta el amanecer. A pesar de que el ángel dislocó la cadera de Jacob, él no se rindió y exigió a cambio una bendición. Finalmente, el ángel le dijo a Jacob que su nuevo nombre era Israel – – o aquel que se esfuerza con Dios y con los hombres y ha vencido.
Al día siguiente, Esaú perdonó a Jacob.

Preguntas: ¿Alguna vez has luchado con Dios? ¿Eres alguien que se da por vencido fácilmente?

Génesis 32:28 "Y el varón le dijo: No se dirá más tu nombre Jacob, sino Israel; [b] porque has luchado con Dios y con los hombres, y has vencido".

NOTAS

14: LA MUJER DEL POZO

SAN JUAN 4:4-42

ADMITE TU SED

El encuentro providencial de Jesús con una mujer de Samaria en Juan 4 ocupa un lugar muy especial en la historia del Evangelio. Es el ejemplo perfecto de Jesús cuando cruza las fronteras culturales y se conecta con alguien que había sido rechazado por la sociedad. Ella era de una raza "mestiza" de Samaria y tan sólo una mujer. Cualquier otro rabino ni siquiera la habría visto.

Jesús decidió reunirse con ella y honrarla compartiendo con ella que él era, de hecho, el Mesías. En ninguna parte del Evangelio fue Él tan claro y directo acerca de su identidad mesiánica. Pero antes de que Él revelase su identidad a todos, Él se la reveló a ella.

Su conversación, aunque sorpresiva para la mujer, fluyó naturalmente. Jesús le pidió agua; la mujer le preguntó por qué hablaba con ella. Jesús le dijo que tenía agua viva para ofrecerle; ella quería una prueba. Él le habló de una fuente espiritual que siempre sacia la sed; ella le pidió de beber. En ese momento, Jesús interrumpió el hilo de su conversación.

Jesús le dijo: "Ve, llama a tu marido, y ven acá" abriendo la puerta a su pasado y todos sus secretos. Cuando admitió que no tenía marido, Jesús llenó los espacios en blanco: "Bien has dicho: No tengo marido; porque cinco maridos has tenido, y el que ahora tienes no es tu marido; esto has dicho con verdad." (San Juan 4:16-18).

No son dados todos sus datos. ¿Se había ella divorciado de sus cinco maridos? ¿Era una viuda? ¿Era una adúltera? No se sabe. Pero nos encontramos con una trágica historia, un pasado roto y sucio y un presente vergonzoso. Su lado oscuro fue desenmascarado ante Jesús. La reunión continuó. Continuaron dialogando, Él se reveló como el Mesías, y ella fue y trajo a toda la ciudad para que se reuniese con Él, el Hombre que le había dicho "todas las cosas" que ella había hecho.

Esta conversación transformadora fue basada en la petición de Jesús, "Ve, llama a tu marido, y ven acá". Él no quería que ella fuese a casa y le trajera a un hombre. Su petición real era que ella saliese de su escondite y dijera cuál era su verdadera identidad. Él quería enfrentar su propia realidad, como la mujer que era, con un pasado lleno de dolor, de vergüenza y de pérdida. Claramente, la mujer en el pozo tenía una sed de algo que la vida nunca podría darle. Cuando la mujer se reveló a sí misma, Jesús se da a conocer a Sí mismo.

"Ve, llama a tu marido, y ven acá". No fue un comentario equivocado o una excusa para condenar a la mujer. Jesús le estaba pidiendo que viniese a Él sin máscara, con toda su vida, tragedias, pecados y secretos, a confesar su necesidad de un salvador. A su vez, Él daría a conocer su propia identidad. Él se le reveló a ella; ella se dio cuenta de que era el Mesías, por quien ella sentía sed.

¿En qué partes de nuestra vida todavía usamos máscaras, como si Jesús no conociese nuestros secretos más oscuros? ¿Será la hora de enfrentarse a la realidad y de reconocer que tenemos sed de Él?

LA MUJER DEL POZO: SAN JUAN 4:4-42

COMPARTE LA HISTORIA

San Juan 4:13-14 "Respondió Jesús y le dijo: Cualquiera que bebiere de esta agua, volverá a tener sed; mas el que bebiere del agua que yo le daré, no tendrá sed jamás; sino que el agua que yo le daré será en él una fuente de agua que salte para vida eterna."

LA MUJER SAMARITANA: Jesús dejó la zona de Judea y se trasladó a Galilea pasando por Samaria. Mientras que sus discípulos entraron en la ciudad de Sicar para conseguir comida, Jesús se sentó en el pozo que una vez había sido visitado por Jacob. Cuando una mujer llegó allí, Jesús le pidió de beber. Ella se sorprendió porque los hombres judíos no le hablaban a las mujeres en público, mucho menos a una samaritana a quien los judíos consideran idólatras e inmundos. Ellos no habrían hablado o compartió un vaso de bebida con ella.

Preguntas: ¿Existe gente con la que prefieres no asociarte? ¿Quiénes son los marginados sociales en el mundo?

AGUA VIVA: Cuando la mujer le preguntó a Jesús por qué le pedía una bebida, Él le dijo que si sabía quién era, ella le pidió a Él una copa de agua viva. Él le explicó que quien bebiese del pozo de Jacob tendría sed otra vez, pero quien bebiese su agua viva nunca tendría sed y heredaría la vida eterna. Cuando ella le pide de su agua, Jesús le dijo que trajese a su marido. Ella admitió que ella no tenía marido; Jesús le dijo que ella tenía razón, que ella había tenido cinco y ahora vivía con un hombre que no era su marido.

Preguntas: ¿Cómo sacias generalmente tu sed? ¿Crees qué Dios sabe todo acerca de tu pasado?

MESÍAS: La mujer sugirió que Jesús debía ser un profeta, y ella hizo emerger la controversia entre los judíos y los Samaritanos sobre dónde se debería practicar la adoración. En lugar de discutir con ella, Jesús declaró que lo importante era adorar en Espíritu y en verdad. Cuando ella se abordó el tema de la venida del Mesías, Jesús respondió, "Yo soy, el que habla contigo."

Preguntas: ¿Dónde piensas que Dios quiere que la gente le adore? ¿Crees qué la adoración sólo ocurre en la iglesia? ¿Qué significa adorar para ti?

COSECHA: Cuando los discípulos regresaron, la mujer dejó su vaso de agua y entró en la ciudad para contarle a la gente sobre Jesús. Ella dijo que Él sabía todo acerca de ella y que Él podía ser el Mesías. Cuando los discípulos le ofrecieron comida a Jesús, dijo que él ya había comido – – el alimento era hacer la voluntad de Dios y la obra de Dios. Los samaritanos que vinieron de la aldea creyeron las palabras de Jesús y se salvaron. Debido a la cosecha espiritual, Jesús acepta la invitación de permanecer dos días en Sicar.

Preguntas: ¿Crees en la palabra de Jesús? ¿Le has hablado a alguien acerca de Jesús? ¿Crees qué una cosecha espiritual está sucediendo en el mundo hoy en día?

NOTAS

15: JOSÉ

GÉNESIS 37-50

EL MENSAJE QUE OYÓ JOSE

José era el hijo favorito de su padre y el hermano a quien sus hermanos no soportaban. Dios le honró con sueños en los que veía a toda su familia inclinarse ante él. Recibió un regalo especial, una túnica, de parte de su padre, despertando los celos de sus hermanos. Ellos reaccionaron violentamente. Le robaron su túnica, lo arrojaron a un pozo y lo vendieron como esclavo. A los diecisiete años, José era esclavo en Egipto.

José no es recordado como una víctima, sino como quien sobrevivió y prosperó, independientemente de sus circunstancias. En una tierra extraña, obligado a trabajar, puesto en un calabozo por algo que no hizo... sin embargo, los registros de las escrituras nos dicen que José prosperó en todos estos lugares. Con el tiempo, José se convirtió en gobernador de todo Egipto y fue honrado por el Faraón por sus dones y habilidades. Incluso sus hermanos vinieron a él con humildad, y su familia fue restaurada al final. Es fácil para nosotros ver que Dios siempre tuvo un gran plan para José, pero uno tiene que preguntarse cómo José sabía que Dios tenía un plan cuando se encontraba en el hoyo o en la celda de la prisión.

A lo largo de la historia, José recibió dos mensajes básicos sobre su identidad. Su éxito se basó en cuál fue el mensaje que José aceptó. El primer mensaje llegó temprano en su vida: eres especial, serás honrado, Dios te ama, y Él te bendecirá. Él oyó esto a través de sus sueños divinos y tuvo la bendición de Dios a través de su padre.

El segundo mensaje vino de sus hermanos, sus circunstancias y su posición vergonzosa: no tienes valor, has sido olvidado, Dios te está maldiciendo. Las acciones de los demás y la mala suerte en su vida enviaron un mensaje claro de condena. Cualquier ser humano estaría tentado a creer en el último mensaje después de haberse enfrentado a la injusticia, al abuso y al rechazo.

Pero José nunca tuvo en cuenta el mensaje que llegó de su mundo. Incluso cuando su propia familia lo rechazó, él creyó en el mensaje de Dios. Él se aferró a este, en la caravana de los comerciantes de esclavos y durante las largas noches en el calabozo. Recordaba esos sueños de Dios y nunca olvidó ese mensaje original. Esta es la razón por la que él prosperó, y por la que fue bendecido, restaurado, y finalmente diez veces honrado. Creyó ser quien Dios dijo que él era.

No hay que escuchar el mensaje que viene del abuso o el rechazo, sino el otro mensaje, el de Dios. En última instancia, sólo Dios tiene el poder de decir quiénes somos, lo que nos merecemos, cuál es nuestro llamado, y si estamos bendecidos o maldecidos. Si has aceptado la invitación de Dios a estar unido con Cristo, entonces tú serás bendecido — sin importar lo que pueda decir cualquier persona o circunstancia.

¿Qué más ha dicho Dios sobre ti? ¿Cuál es el mensaje que has recibido de Dios, aún desde hace mucho tiempo? Tendrás que evaluar si el dolor de los desamores, las desgracias y el abuso es más fuerte que el mensaje que Dios te dio, tanto a través de su palabra escrita como de su palabra revelada. Recuerda tu sueño original y aférrate a él. Cuando comienzas a creer nuevamente en el mensaje acerca de quien Dios dice que eres, espera y ve cómo Dios te honra y te restaura.

JOSÉ: GÉNESIS 37-50

COMPARTE LA HISTORIA

Génesis 50:20 "Vosotros pensasteis mal contra mí, mas Dios lo encaminó a bien, para hacer lo que vemos hoy, para mantener en vida a mucho pueblo".

DISPUTA FAMILIAR: Jacob (Israel) tuvo doce hijos, pero José era su favorito. Jacob mostró a José su amor dándole una túnicaa especial de diversos colores. José le contaba a su padre sobre sus hermanos y compartía con él los sueños que tenía sobre toda la familia postrándose ante él. Sus diez hermanos mayores respondieron llenos de celos y de ira y planearon matar a José. Le tiraron a un pozo, pero en vez de matarlo, lo vendieron a la esclavitud.

Preguntas: ¿Ha habido alguna disputa en tu familia? ¿Has sido parte de una pelea familiar? ¿Has estado celoso de alguien alguna vez? ¿Por qué?

TENTACIÓN EN LA CASA DE POTIFAR: Como esclavo, José sirvió en la casa de Potifar, un oficial egipcio. José sirvió a Potifar bien y a su vez fue tratado bien. Pero la esposa de Potifar repetidamente intentó seducir a José. Un día, ella agarró su ropa, y José huyó, casi desnudo. Enojada, la esposa de Potifar lo acusó de violación y lo hizo meter en la cárcel.

Preguntas: ¿Crees qué José estuvo implicado en un asunto con la esposa de su amo? ¿Alguna vez te has alejado de una tentación? ¿Alguna vez alguien te ha acusado falsamente de algo?

PRISIÓN: José continuó recibiendo el favor de Dios, incluso en la cárcel. Se ganó respeto y privilegios por interpretar los sueños de la gente. Un sueño que interpretó fue el del Faraón, que contenía una advertencia sobre la hambruna que habría de venir. En consecuencia, Potifar liberó a José de la cárcel y lo nombró gobernador de Egipto.

Preguntas: ¿Tiendes a tener sueños vívidos? Y ¿siempre se convierten en realidad? ¿Has estado en la cárcel o te has sentido como si estuvieras en prisión? ¿Es posible prosperar en la prisión?

REENCUENTRO: José se preparó para la hambruna que venía guardando alimentos durante siete años. El hambre afectó no sólo Egipto, sino a toda la región. Puesto que solamente Egipto se había preparado para la hambruna, la gente vino de todos lados para conseguir comida de manos de José, incluso sus hermanos. Los hermanos no reconocieron, en principio, a José, pero finalmente este se reveló a ellos y los perdonó. José invitó a su padre a venir a Egipto también, y la familia se reunió y se restauró.

Preguntas: ¿Has restaurado, alguna vez, una relación con un miembro de la familia a quien hace muchos años que no le hablas? ¿Cómo perdonas a quiénes te han odiado y te han dañado? ¿Crees que Dios puede restaurar tu relación?

Romanos 8:28 Y sabemos que a los que aman a Dios, todas las cosas les ayudan a bien, esto es, a los que conforme a su propósito son llamados.

NOTAS

16: TORMENTA ACALLADA

SAN MARCOS 4:35-41

ATENCIÓN

Se suponía que nada más sería un viaje fácil a través del lago; Jesús y sus discípulos lo hacían todo el tiempo.

Al otro lado del lago, les esperaba una tierra pacífica y el muy necesitado descanso. Habían cumplido con un flujo constante de personas quienes necesitaban ser atendidos todo el día. Jesús ya estuvo dormido en la barca.

Tal vez había una nube, o tal vez dos, en el cielo, pero no las suficientes como para preocupar a un grupo de hombres exhaustos cuando se lanzaron al mar.

La sorpresiva tormenta cayó rápidamente y con duro golpe. Las olas se apilaron alrededor de la barca y comenzaron a llenarla. Jesús no se agitó. Los discípulos estaban en estado de pánico y rápidamente perdieron la esperanza. Esta tempestad imprevista les hundiría. Ellos iban a morir.

Despertaron a Jesús y le preguntaron si le importaba que se perecerían.

"Y levantándose, reprendió al viento, y dijo al mar: Calla, enmudece. Y cesó el viento, y se hizo grande bonanza." (San Marcos 4:39) Y los elementos obedecieron, como soldados en posición de firmes.

El viento y las olas reconocieron a su comandante, mientras que los discípulos se preguntaron ¿Quién es éste?

El SEÑOR dijo en los Salmos, "Estad quietos, y conoced que yo soy Dios"; (Salmo. 46: 10). Es un versículo maravilloso para traer a colación cuando estamos sentados en la orilla viendo la puesta del sol, o de pie junto al Gran Cañón llenos de sobrecojimiento. Pero cuando una tormenta huracanada golpea ola tras ola, podemos olvidarnos del comando de Dios y no reconocer a Dios en nuestro caos.

En cambio, sentimos pánico. Nos frustramos porque algo simple se ha vuelto complicado, justo cuando pensábamos que descansaríamos un poco. Gemimos y gritamos y nos quejamos, porque nos estamos inundando. Nosotros nos ocupamos sacando agua de nuestra barca, comenzamos a perder la esperanza y nos volvemos locos intentando mantener el orden. Hacemos cualquier cosa menos estar tranquilo. Nosotros no podemos oír la voz de Dios.

Pero la voz está ahí: Estad quietos y reconózcanme: Yo soy Dios.

Cuando su barca se esté llenando, estate tranquilo, no hagas nada. Respira, descansa, relájate. Escucha, ve, déjate ir. Recuerda que no controlas las tempestades, pero quien lo hace está contigo en la barca. Está atento y asegúrate de saber que Él es Dios.

COMPARTE LA HISTORIA

San Marcos 4:40 Y les dijo: ¿Por qué estáis así amedrentados? ¿Cómo no tenéis fe?

UNA GRAN TEMPESTAD DE VIENTO: Después de un día de predicar a la gente, Jesús sugirió a sus discípulos que cruzasen al otro lado del mar de Galilea en barca. Mientras estaban en la barca, una violenta tormenta o "tempestad de viento," un fenómeno natural común a la cuenca de Galilea, chocó con ellos. Las olas se estrellaron sobre la barca y comenzaron a llenarla de agua.

Preguntas: ¿Alguna vez has estado en medio de "una tormenta perfecta"?

JESÚS ESTÁ DORMIDO: Jesús estaba agotado por el trabajo del día y dormía en la popa de la barca mientras rugía la tormenta. Sus discípulos lo despertaron y le preguntaron "¿Maestro, no tienes cuidado que perecemos?"

Preguntas: ¿Has sentido alguna vez que Dios duerme cuando estás metido en una tormenta de tu vida? ¿Has sentido alguna vez que no le importas a Dios? ¿Es posible tener paz en medio del caos?

PODER SOBRE LA NATURALEZA: Jesús se levantó y habló a la tormenta y a las olas, ordenándoles con sus palabras: "¡Tranquilícense! ¡Quédense quietos!" La tormenta inmediatamente disminuyó y el mar se calmó.

Preguntas: ¿Quién tiene poder sobre el clima? ¿Tienen las personas alguna influencia sobre la naturaleza? ¿Qué significa que Jesús tiene poder sobre la naturaleza?

¿TODAVÍA NO TIENES FE?: Los discípulos estaban aterrorizados por el poder de Jesús y no sabían exactamente quién era. ¡Incluso el viento y las olas obedecieron! Sin embargo, Jesús estaba decepcionado de que después de todos los signos que habían visto sus discípulos, aún no tuviesen fe para esperar milagros como este.

Preguntas: ¿Has experimentado un milagro? ¿Esperas milagros en tu vida cotidiana? ¿Temerías a una persona que pudiera calmar una tormenta?

Salmos 135:5-7 "Porque yo sé que Jehová es grande, Y el Señor nuestro, mayor que todos los dioses. Todo lo que Jehová quiere, lo hace, en los cielos y en la tierra, en los mares y en todos los abismos. Hace subir las nubes de los extremos de la tierra; Hace los relámpagos para la lluvia; Saca de sus depósitos los vientos.

NOTAS

17: MOISÉS

ÉXODO 3 Y 4

TEMPORADA DE VERGÜENZA PARA MOISÉS

Un "Before They were Stars, Bible Edition" ("Edición de la Biblia de Antes de ser Estrellas") no pintaría la vida de Moisés antes de la fama en una luz muy heroica. Sin duda comenzó como un prodigio prometedor, flotando en el Nilo y creciendo entre filas reales. Sin embargo, entre sus inicios prometedores y su grandeza más adelante en el mar rojo y el Sinaí, Moisés vivió una temporada de vergüenza.

Como joven, habiendo crecido bajo el cuidado de la hija del Faraón, Moisés quería ver las condiciones de vida de su propio pueblo, los esclavos hebreos. Dejó la comodidad real para ir donde trabajaban los esclavos, allí encontró a uno de los maestros egipcios golpeando a un hebreo. Rápidamente, Moisés estimó su entorno y asesinó al egipcio allí mismo, ocultando el cadáver en la arena.

Al día siguiente, dos esclavos estaban peleando y Moisés intervinó para restablecer la paz. "Y él respondió: ¿Quién te ha puesto a ti por príncipe y juez sobre nosotros? ¿Piensas matarme como mataste al egipcio?" (Éxodo 2:14) Entonces Moisés tuvo mucho miedo. ¡He sido descubierto! La noticia sobre su culpabilidad se conoció, y se convirtió en un hombre perseguido por los egipcios y en una amenaza para los hebreos. Alienados de ambos grupos, Moisés huyó hacia el este.

Durante muchos años, Moisés se ocultó, adaptándose a la cultura de Madián, se casó con una mujer, tuvo hijos y se convirtió en pastor. Dejó su vieja vida enterrada en la arena, un mundo distante lleno de vergüenza.

La vergüenza y la culpabilidad de Moisés no alejó a Dios de él, incluso le siguió en el lejano desierto. En la monótona rutina de Moisés arreando ovejas, Dios lo sorprendió iluminando un espino con su presencia de fuego inextinguible. "¡Moisés!" Él gritó. Todo el mundo temblaría en presencia de Dios en forma de zarza ardiente, pero tal vez debido a su culpa y a su vergüenza Moisés estaba lleno de miedo por completo en ese momento. De repente, Dios le habló, le encargó liberar al pueblo hebreo de la esclavitud. Pero Moisés estaba tan convencido de sus propios fracasos y tan paralizado por el miedo y la vergüenza, que le dijo a Dios que encontrase a alguien diferente.

A veces nos convencemos a nosotros mismos de que hemos arruinado tanto el plan de Dios que Él sólo tendrá castigo para nosotros. Corremos, nos ocultamos y nos ubicamos en algún lugar por debajo de lo que estamos llamados a ser, pensando que es todo lo que nos merecemos. Como Moisés, conocemos nuestras fallas – – algunas son tan grandes que no podemos dormir por la noche. Tenemos sangre en nuestras manos y burlas en nuestros oídos.

Pero como Moisés, podemos sorprendernos al darnos cuenta de que Dios no se centra en nuestros fracasos. Pensamos que nuestro pasado o nuestros defectos son obstáculos para llegar a un acuerdo con Él – – razones para que Dios se mantenga lejos de nosotros. Pero entonces Él nos sorprende, tal vez con una zarza ardiente, o de alguna otra manera. Él nos sigue hasta donde estemos escondidos y nos recuerda que nuestra vergüenza y nuestra culpa ya no existen, porque Él las ha perdonado hace mucho tiempo. Francamente, Dios está tan concentrado en su plan para redimir el mundo como para preocuparse acerca de nuestros líos. Él nos sorprenderá y luego nos llamará. Vamos a querer decir que no, y sacaremos a relucir nuestros currículos llenos de manchas para recordarle que no somos buenos. Moisés lo hizo. Pero la aceptación, el perdón y la persistencia de Dios vencieron. Moisés siguió adelante con Dios a pesar de sus fallas pasadas y sus defectos presentes.

Pregúntate si estás lleno de culpa, vergüenza o auto-condenación de las que Dios quiere liberarte para poder usarte. No está preocupado por lo que has echado a perder. Él tiene preocupaciones mayores, y ya está convencido de que puede hacer uso de ti.

MOISÉS: ÉXODO 3 Y 4

COMPARTE LA HISTORIA

Éxodo 3:14 "Y respondió Dios a Moisés: YO SOY EL QUE SOY. Y dijo: Así dirás a los hijos de Israel: YO SOY me envió a vosotros".

EL RESCATE DE LA CESTA: Casi 400 años después de José, los descendientes de Israel se multiplicaron y florecieron en Egipto. Su número creció, el nuevo Faraón se sintió amenazado y ordenó que todos los bebés masculinos hebreos fuesen asesinados. Pero una mujer hebrea puso a su hijo en una cesta en el río Nilo para protegerlo. La hija del Faraón lo encontró entre los juncos, lo nombró Moisés y lo crió como su hijo.

Preguntas: ¿Conoces la historia de Moisés cuando este flotaba en una cesta en el Nilo? ¿Crees que eso realmente sucedió?

ENCUENTRO CON DIOS: Moisés creció con privilegios en la corte real. Pero, como adulto, sintió curiosidad por los hebreos, su propio pueblo. Se fue hasta donde vivían y trabajaban como esclavos y vio a un esclavo hebreo ser golpeado por un egipcio. Moisés mató al egipcio y luego tuvo que huir a Madián para salvar su vida. Una vez allí, Dios habló a Moisés en forma de zarza ardiente, abrumándole con Su Santa presencia.

Pregunta: ¿Te espantaría o adorarías a Dios al verle como una zarza ardiente?

MISIÓN: Durante el encuentro de Moisés con la zarza ardiente, Dios le dijo a Moisés que él sentía compasión por su pueblo que era esclavizado en Egipto. Le dijo a Moisés que fuese a Egipto a liberar a su pueblo de la esclavitud y a llevarle hasta la tierra prometida.

Preguntas: ¿Alguna vez has tenido la oportunidad de ayudar a alguna persona oprimida? ¿Sabías que Dios odia la opresión?

¿POR QUÉ YO?: A pesar de la promesa de Dios al llegar a él y darle señales milagrosas, Moisés estaba aterrado y le dijo a Dios que usase a otra persona. Moisés veía sus propias deficiencias – – no era lo suficientemente bueno para la tarea, y no era un orador elocuente. Dios estaba enojado, pero permitió que Moisés llevase consigo a su hermano Aarón como portavoz.

Preguntas: ¿Cuál es uno de tus mayores miedos? ¿Te ha impedido el miedo embarcarte en una aventura?

Éxodo 4:12 "Ahora pues, ve, y yo estaré con tu boca, y te enseñaré lo que hayas de hablar".

NOTAS

18: LA MULTITUD ES SACIADA

SAN JUAN 6

¡ES LA ECONOMÍA, RABINO!

Cuando Jesús realizó el milagro de alimentar a las multitudes, él parecía ser la pieza faltante del rompecabezas que resolvería el dilema político de Israel. Los judíos estaban cansados de vivir bajo el yugo romano y querían recuperar su identidad como una nación grande y soberana. Habían estado buscando a un líder digno que les liberaría de la superpotencia no judía y crearía y mantendría un reino próspero, que reflejaría la dinastía de David. Ellos llamaban a este hombre esquivo, a esta pieza faltante del rompecabezas, el Mesías.

El milagro de ese día tenía a más de 5.000 personas, convencidas de que Jesús era ese hombre. Había resuelto el problema sin solución: la oferta no satisfacía la demanda de la multitud. Había miles de personas hambrientas, y el único alimento disponible era el almuerzo de un niño, que consistía en dos peces y cinco panes de cebada. Felipe dijo que tomaría ocho meses ganar el dinero para alimentar a esa multitud. Pero Jesús bendijo el almuerzo del muchacho, lo distribuyó y lo multiplicó por su mano.

Una vez que el pueblo estaba satisfecho con suficientes panes y peces, la votación fue unánime: Mesías. Querían establecerlo como autoridad inmediatamente. Bajo el liderazgo de Jesús, tenían comida, seguridad, material excedente y no habría aumento de los impuestos romanos. Serían libres. Jesús desapareció en las montañas antes de que la gente pudiera obligarlo a tomar el poder.

Al día siguiente, Jesús explicó la economía celestial: Ustedes trabajan a cambio de salarios para poder poner comida sobre la mesa y comprar cosas materiales. Yo les traigo un reino diferente en el que ustedes trabajaran para lograr lo invisible e imperecedero. El trabajo es la fe, y el salario es la vida eterna. La comida en la mesa es mi cuerpo, y la bebida es mi sangre. ¿Quiénes quieren unírseme? Y allí, muchas de las personas bajaron sus cabezas y se alejaron. Su esperanza para su país los había encendido por un momento, pero se apagó. Este hombre no estaba ofreciendo lo que querían.

Hoy día, nuestra nación se consume por las cosas de las que disponemos: ¿Cómo trabajamos y ganamos salarios? ¿Cómo pondremos comida sobre la mesa y obtendremos las cosas materiales que necesitamos? ¿Cómo podemos sentirnos seguros de que la oferta nunca desaparecerá? ¿Y quién puede hacer que esto ocurra?

Jesús destacó el hecho de que, mientras todos nosotros gastamos nuestra energía en estas cosas, pocos gastan su energía en cuestiones eternas. ¿Estaba él implicando que no deberíamos preocuparnos por el trabajo, los alimentos, las cosas materiales y la política? No, pero hizo hincapié en que estos no deben consumir nuestras vidas. Nuestra principal preocupación debe ser Su economía, Su reino.

Jesús te está llamando: vierte tu energía en lo eterno. Toma tus recursos físicos – – así como el muchacho ofreció su almuerzo, lo único que tenía para dar – – y ofrécelos como combustible a la economía celestial. Si el destino de la economía actual y el futuro de tu país te hacen temblar, y tu candidato soñado no se puede encontrar, resuelve esto: tu mano de obra será mano de obra para el reino celestial y para llevar el pan de vida a cada mesa que puedas.

COMPARTE LA HISTORIA

San Juan 6:35 Jesús les dijo: Yo soy el pan de vida; el que a mí viene, nunca tendrá hambre; y el que en mí cree, no tendrá sed jamás.

ALIMENTANDO A LA MULTITUD: Jesús estaba enseñando a sus discípulos cuando una multitud de personas se unieron a ellos para escucharle. Tarde en el día, Jesús preguntó a Felipe dónde podrían comprar alimentos para toda la gente. Felipe respondió que ni ocho meses de salarios alimentarían a tantas personas, Andrés señaló un muchacho que había traído su almuerzo. Jesús agradeció a Dios por la sencilla comida del muchacho y luego distribuyó los alimentos. Milagrosamente, cinco panes y dos peces se multiplicaron y alimentaron a más de 5.000 personas. Los discípulos tenían incluso doce canastas de comida de sobra.

Preguntas: ¿No has tenido dinero para comprar comida? ¿Dios ha proveído tus necesidades milagrosamente?

¡HAGANLO REY!: Después de alimentar la multitud, Jesús se retiró porque sabía que querían hacerle su rey. Más tarde, cuando los discípulos cruzaron el lago, Jesús se unió a ellos, caminando sobre el agua. Al día siguiente, le dijo a la multitud que no le buscaban por su poder milagroso, sino porque él les alimentó. Se enfocaban en el temporal, no en lo eterno.

Preguntas: ¿Tiene un líder que puede satisfacer ambas las necesidades físicas y las necesidades espirituales? ¿Cuál es tu motivación principal para trabajar – – poder poner comida en la mesa?

EL PAN DE VIDA: Jesús hizo que la gente se enfocase en el alimento eterno, diciéndoles que Él era el pan de vida que podía sostenerles eternamente.

Preguntas: ¿Crees que tú puedes vivir para siempre? ¿Tener vida eterna requiere de trabajo duro? Tienes que comer para vivir, entonces que ¿qué comes para vivir para siempre?

CARNE Y SANGRE: Muchos de los oyentes se ofendieron por las palabras de Jesús, porque decía que del cielo era fuente de vida. Jesús pasó a decir que, para vivir, una persona debía comer su carne y beber su sangre. Él sabía que Él entregaría su cuerpo en la Cruz para que el mundo pudiese vivir. Para muchos que habían seguido a Jesús, esto era demasiado extremo y abandonaron a Jesús. Él les preguntó a sus discípulos si ellos se irían también. Pedro le respondió: "¿Señor, a quién iremos? Tienes palabras de vida eterna".

Preguntas: ¿Te ofendes cuando oyes acerca de Jesús o acerca de su muerte en la Cruz? ¿Qué quiso decir Jesús cuando dijo que él que coma de su carne y beba de su sangre tendrá vida eterna? ¿Has encontrado a alguien o algo que supere a Jesús?

San Juan 6:53-54 Jesús les dijo: De cierto, de cierto os digo: Si no coméis la carne del Hijo del Hombre, y bebéis su sangre, no tenéis vida en vosotros. El que come mi carne y bebe mi sangre, tiene vida eterna; y yo le resucitaré en el día postrero.

NOTAS

19: LA PASCUA

ÉXODO 12

UN CORAZÓN ENDURECIDO Y LA SANGRE DEL CORDERO

La Pascua fue el punto culminante de un largo drama en el cual Moisés pidió reiteradamente al Faraón de Egipto que liberase a los cautivos hebreos. A pesar de nueve plagas enviadas por la mano de Dios, los piojos y las langostas, el granizo y la oscuridad no fueron suficientes para convencer al Faraón de liberar a los esclavos. Obstinadamente ignoró los signos de Dios e invitó la devastación a Egipto. El Faraón sólo cedió y liberó a Israel después de la trágica décima plaga en la que su propio hijo murió junto con todos los otros primogénitos egipcios.

Y de todas las probables razones para que el Faraón fuese tan terco y temerario, las escrituras dicen que fue porque Dios endureció su corazón.

Curiosamente, no fue hasta la sexta plaga que las escrituras registran que "Pero Jehová endureció el corazón de Faraón"(Éxodo 9:12). Para las primeras cinco plagas, dice que del corazón del Faraón "se endureció", e incluso que Faraón endureció su propio corazón. Dios, en lugar de actuar como un maestro de marionetas que dicta los pasos del Faraón, intervino sólo después de que Faraón había hecho una elección y se negó a escuchar a Dios. Dios simplemente cooperó con él, esencialmente dando al Faraón lo que él quería y lo encerró en el destino que él mismo eligió para sí. Dios entonces acalló el corazón del Faraón hasta que dejó de ser humano.

El primer capítulo de Romanos señala gente como el Faraón, quienes decidieron ignorar los signos claros de Dios, que se alejaron, y que voluntariamente saltaron hacia el pecado. Sus capítulos explican que Dios "se rindió con ellos" entregándolos a cosas inmundas y sus propias pasiones enfermas, y que Dios "los entregó" a sus ideas depravadas. Una vez más, se presenta un esfuerzo de cooperación. La gente eligió lo que quería – – una vida sin Dios. Endurecieron sus corazones a la voz de Dios, por su propia elección, Dios los entregó, lo que les permite perder su sensibilidad al mal, que ya no les sirve de todos modos. Dios no juega a titiritero, sino que les dejó elegir el camino de la salvación o el camino de la destrucción. Y Dios confirma sus decisiones.

En la historia de la Pascua, el frío Faraón eligió el camino de la destrucción, mientras que la noche de Pascua proporcionó salvación para el pueblo de Dios. Las familias esclavas hebreas sacrificaron corderos y untaron la sangre en sus puertas. Donde fue encontrada la sangre, la muerte pasó de largo. El duro corazón del Faraón había introducido la muerte en todos los hogares egipcios. En cambio la sangre del suave corazón, del inocente del cordero, aseguró la vida para el pueblo hebreo.

LA PASCUA: ÉXODO 12

COMPARTE LA HISTORIA

Éxodo 12:13 "Y la sangre os será por señal en las casas donde vosotros estéis; y veré la sangre y pasaré de vosotros, y no habrá en vosotros plaga de mortandad cuando hiera la tierra de Egipto".

LAS PLAGAS: Moisés y Aarón fueron al Faraón para pedirle que dejase libres a los esclavos hebreos. Nueve veces preguntaron; nueve veces al Faraón se negó. Con cada rechazo, Dios usó a Moisés para traer una plaga a la tierra de Egipto: sangre en el agua, ranas, piojos, moscas, enfermedades en el ganado, forúnculos, granizo, langostas y tinieblas. Pero a pesar de los signos del poder de Dios, el corazón de Faraón fue endurecido y él no permitió que el pueblo se fuese.

Preguntas: ¿Cuál es el fenómeno más extraño que has visto – – una invasión de ranas? ¿Granizo del tamaño de pelotas de tenis? ¿Has sido terco como el Faraón?

PASCUA: Para la décima y última plaga, Dios le dijo a Moisés que él enviaría a un ángel de la muerte a cada casa en Egipto, a matar al hijo primogénito de cada familia. Pero Dios mandó a los hebreos a poner la sangre de los corderos sacrificados en sus puertas. Donde la sangre estaba en los dinteles, el ángel de la muerte respetó ese hogar. Dios dijo a los hebreos que recordasen este evento siempre con un banquete de celebración en la cual comerían pan sin levadura.

Preguntas: ¿Has sido librado milagrosamente de un desastre? ¿Cómo recuerdas los eventos importantes de tu vida? ¿Qué querría Dios que recordases y celebrases?

LIBERACIÓN: La plaga se desató por la noche y hubo llanto y luto en todo Egipto. Todos los niños primogénitos egipcios murieron, entre ellos el hijo del Faraón. En respuesta, el Faraón exigió que los hebreos se fuesen. Salieron de prisa, dejando atrás la tierra en que habían sido esclavizados durante 400 años. Finalmente eran libres.

Pregunta: ¿Qué crees que se siente ser liberado de la esclavitud?

SANGRE DEL CORDERO: Esta historia es una prefiguración de Jesús, aunque sucedió muchos años antes de que Cristo viniese al mundo. Dios nos muestra a través de la Pascua que la sangre de un cordero sin mancha perdonará a su pueblo. Con la muerte de Cristo, que era un sacrificio inocente y sin pecado, podemos ser librados de los efectos del pecado (muerte). El recibir a Cristo significa recibir su sangre en las puertas de nuestros corazones y ser librados de la muerte.

Preguntas: ¿Has aplicado la sangre de Cristo a tu corazón a través de la fe en Él? ¿Qué significa la sangre de Cristo para ti?

Romanos 3:25 a quien Dios puso como propiciación por medio de la fe en su sangre, para manifestar su justicia, a causa de haber pasado por alto, en su paciencia, los pecados pasados

NOTAS

20: LÁZARO RESUCITADO

SAN JUAN 11:1-45

AMOR POR LA VIDA

Algunos creyentes están esperando salir de esta tierra y flotar en una nube algún día. Otros temen exactamente eso. El primer grupo canta con regocijo acerca de volar cuando mueran; el segundo grupo hace todo lo posible para evitar la puerta de la muerte. De cualquier manera – – ¿qué es lo que nos espera? ¿Abandonamos nuestros cuerpos, dejando a la sociedad y vamos a la deriva a través de la atmósfera? ¿Es esa la promesa del cielo?

Bueno, si esa es la gran idea, es particularmente interesante que Jesús fuese a Betania para resucitar a Lázaro de entre los muertos. Jesús deseaba devolver a Lázaro a la tierra de los vivos. En la mente de Jesús, había algo especial en el hecho de vivir esta vida.

Lázaro fue uno de los amigos íntimos de Jesús. Las escrituras registran dos veces cuando Jesús lloró – – una vez por la ciudad de Jerusalén y una vez en la tumba de Lázaro. Jesús amaba a este hombre tan querido como un hermano. Y lo que le había sucedido a él – – lo qué le sucedía a todas las personas – – enfureció a Jesús hasta la médula. Jesús odiaba la muerte.

Así que mientras que muchos judíos dolientes y la familia de Lázaro muerto estaban de pie alrededor de la tumba llorando, Jesús se afligió y luego se puso en acción, diciendo, "¡Lázaro, ven fuera!" (San Juan 11:43) Para revelar la gloria de Dios a la multitud, Jesús llamó al hombre "dormido" de la cueva. Y Lázaro caminó hacia fuera – – respirando, caminando – – a poder ver, oír y oler otra vez. Humano. Vivo. A Abrazar. A Besar. A la gente que observa este acontecimiento milagroso, Jesús dijo: "¿No te he dicho que si crees, verás la gloria de Dios?" (San Juan 11:40)

David escribió en Salmo 27, "Hubiera yo desmayado, si no creyese que veré la bondad de Jehová en la tierra de los vivientes". (v. 13). A pesar de las muchas amenazas, dificultades y dolores de la vida, David creía que podía servir a Dios y verlo obrar. David no abandonó su idea original – de Dios – una sociedad en la tierra, personas con cuerpos que trabajan y tocan y comen y que glorifican a Dios.

Jesús no abandona la idea de bien tampoco. Él vino a la tierra, a la tierra de los vivos. Devolvió a su amigo, Lázaro, de entre los muertos a este lugar, a su familia y a la comunidad y a la vida.

Jesús salió al cielo por un tiempo, pero Él regresará a este mundo.

Dios está presente en la tierra de los vivos, y Él quiere ser el rey supremo aquí. Podemos apreciar esta vida, este mundo, como un lugar sagrado donde Dios pueda ser glorificado. Mientras que Jesús prepara una nueva ciudad para nosotros donde reinará cuando regrese, no vamos a quedarnos sentados esperando un escape psicodélico (o aburrido) a las nubes. Amemos la vida, como Jesús lo hizo.

COMPARTE LA HISTORIA

San Juan 11:25-26 Le dijo Jesús: Yo soy la resurrección y la vida; el que cree en mí, aunque esté muerto, vivirá. Y todo aquel que vive y cree en mí, no morirá eternamente. ¿Crees esto?

EL QUE AMAS ESTÁ ENFERMO: Mientras Jesús estaba predicando al otro lado del Río Jordán, recibió noticias de sus amigas María y Marta de que su hermano Lázaro estaba enfermo en Betania. Jesús amaba entrañablemente a esta familia. Pero, en lugar de apresurarse hacia Betania, Jesús permaneció donde estaba por dos días más, diciendo que la enfermedad de Lázaro no terminaría en muerte, sino que glorificaría a Dios.

Pregunta: ¿Se ha enfermado de gravedad alguien a quien amas? ¿Qué hiciste? ¿Crees que Dios puede usar eventos malos, como una enfermedad, para su gloria?

SI HUBIESES ESTADO AQUÍ: Después de dos días, Jesús dijo a sus discípulos que él iba a despertar a Lázaro. Pensaban que Lázaro sólo dormía, pero Jesús sabía que Lázaro ya estaba muerto. Cuando llegó a Betania, María y Marta dijeron a Jesús, "Si hubieses estado aquí, mi hermano no habría muerto". Él les aseguró que Lázaro resucitaría, porque Jesús es la resurrección y la vida. Todo aquel que cree en Él nunca morirá.

Preguntas: ¿Te pregunta por qué Dios no hace algo si él es perfectamente capaz de hacerlo? ¿Crees que los muertos resucitarán? ¿Has escuchado alguna vez de alguien que ha muerto y ha sido resucitado?

JESUS LLORÓ: María, Marta y los otros dolientes lloraban por la muerte de Lázaro. Cuando Jesús vio su dolor, Él se llenó de profundas emociones. Llegaron a la tumba donde Lázaro fue sepultado, y Jesús lloró.

Preguntas: ¿Sabes por qué dice la Biblia, "Jesús lloró"? ¿Crees que Dios tiene emociones?

¡LÁZARO, VEN FUERA!: Cuando Jesús dijo a la gente que rodasen la piedra que estaba delante de la tumba de Lázaro, Marta se opuso porque el olor del cuerpo de Lázaro sería repulsivo. Jesús respondió que si ella creía, ella vería la gloria de Dios. Jesús llamó, "¡Lázaro, ven fuera!" Y el muerto salió de la tumba, todavía envuelto en sus ropas mortuorias. Jesús dijo a la gente que liberase a Lázaro de sus ropas mortuorias. Lázaro estaba vivo.

Preguntas: ¿Crees que alguien tiene poder sobre la muerte? ¿Crees que Lázaro resucitó realmente de entre los muertos? ¿Puede Jesús aún llamar a la gente para que salgan de sus tumbas hoy día?

1 Corintios 15:54-55 Y cuando esto corruptible se haya vestido de incorrupción, y esto mortal se haya vestido de inmortalidad, entonces se cumplirá la palabra que está escrita: Sorbida es la muerte en victoria. ¿Dónde está, oh muerte, tu aguijón? ¿Dónde, oh sepulcro, tu victoria?

NOTAS

21: EL MAR ROJO

ÉXODO 14

LA TRAMPA DEL DESIERTO

La libertad había llegado para los israelitas. Después de cuatrocientos años de esclavitud, se les permitió salir de Egipto. Pero, en el inicio de su viaje, Dios llevó a la gente a un desvío peligroso hacia el Mar Rojo – – un lugar privilegiado para que sus enemigos les atacasen.

El pueblo de Dios lo siguió a este rincón vulnerable del desierto, y de hecho, el enemigo lo supo. El ejército egipcio no perdió tiempo y se apresuró a capturarles. Cuando el pueblo vio el ejército en el horizonte, su conclusión fue que Dios les ha liberado de la esclavitud sólo para matarles en el desierto. Su victoria inicial había sido en vano.

Hay otra historia acerca de Dios enviando a su elegido al desierto, a tierras vulnerables, que encontramos en el Nuevo Testamento. La historia es sobre Dios Hijo y siervo, Jesús, y dice que en el inicio de la gran misión de Jesús en el mundo, el Espíritu de Dios lo llevó al desierto para que fuese tentado por Satanás. Imagina a Dios tomando a Jesús del brazo y llevándole a la zona de peligro, donde el enemigo fácilmente podría abalanzarse sobre Él. Jesús fue al desierto sin comida ni comodidad, sin compañía ni recursos y destinado a ser atacado. Satanás lo vio allí y lo emboscó.

¿Por qué pondría Dios a su siervo o a su pueblo en peligro?

Volvamos a los hebreos... ellos sabían que estaban en problemas y estaban aterrorizados. Pero Moisés les dijo que no tuviesen miedo. La realidad, él dijo, era que Dios pelearía por ellos. En el último segundo, cuando parecía que la única opción de los hebreos sería la muerte por espada o la muerte por las aguas, Dios le dijo a Moisés que se llevase a su vara y dividiera el mar. Una solución totalmente sobrenatural ocurrió y los hebreos escaparon de su enemigo a través de un camino inesperado y luego vieron al ejército ahogarse detrás de ellos.

Dios deliberadamente puso a los hebreos en peligro para probar su fe y mostrar su gloria – – pero nunca tuvieron que luchar por la victoria. Dios puso a Jesús en el camino de Satanás sabiendo que su propia palabra repelería al enemigo – – y Jesús prevalecería.

Aunque a menudo esperamos que Dios nos libre de todo peligro, no es una casualidad que nos encontremos en el desierto. Lo más probable es que nos hayan enviado allí. Miramos hacia adelante y vemos las aguas; miramos atrás y vemos al enemigo. Cuando no aparecen soluciones terrenales, sentimos que el desierto es prueba de que Dios nos dejará morir. Pero el desierto es el lugar al que nos envía cuando quiere refinar nuestra fe antes de una misión, y es el lugar donde quiere mostrar su magnificencia.

Donde estás ahora puede parecer la trampa del desierto, pero ten cuidado: Dios va a abrir una ruta alternativa y tus enemigos se ahogarán detrás de ti. Solamente, no tengas miedo. Dios está fortaleciendo tu fe para que sepas que va a pelear por ti.

COMPARTE LA HISTORIA

Éxodo 14:13-14 "Y Moisés dijo al pueblo: No temáis; estad firmes, y ved la salvación que Jehová hará hoy con vosotros; porque los egipcios que hoy habéis visto, nunca más para siempre los veréis. Jehová peleará por vosotros, y vosotros estaréis tranquilos".

DIOS NOS GUÍA: Después de la Pascua, los hebreos fueron liberados de su cautiverio. Dios les condujo fuera de Egipto, guiándolos con una columna de nubes durante el día y una columna de fuego por la noche. Pero en lugar de tomar una ruta directa a la tierra prometida de Canaán, Dios los llevó al desierto, a un lugar donde Faraón y su ejército podrían fácilmente encontrarles y atacarles.

Preguntas: ¿Has sentido que Dios te ha estado dirigiendo hacia un desvío? ¿Has pensado que Dios te ha puesto deliberadamente en una situación difícil? ¿Cómo decides qué camino seguir en tu vida? – – ¿qué te guía?

EL MIEDO DEL PUEBLO: Cuando los hebreos vieron al ejército egipcio que venía a atacarles, estaban aterrorizados y creían que los matarían a todos. Dijeron a Moisés que habría sido mejor quedarse como esclavos en Egipto a morir en el desierto.

Preguntas: ¿De qué tienes miedo? ¿Dónde buscas ayuda cuándo sientes miedo? ¿Has sentido alguna vez terror absoluto? ¿Qué hiciste?

LA VICTORIA DE DIOS: Cuando el ejército egipcio persiguió a los hebreos, Moisés obedeció las instrucciones de Dios y levantó su vara sobre el Mar Rojo. El mar se abrió y los hebreos cruzaron con seguridad sobre tierra firme entre dos paredes de agua. Mientras Dios miraba cruzar a los hebreos, hizo que los egipcios se sintieran confundidos. Cuando los hebreos estaban al otro lado del mar, Moisés levantó su vara otra vez, y las paredes de agua cayeron, ahogando a todo el ejército egipcio.

Preguntas: ¿Han escuchado sobre Moisés dividiendo el Mar Rojo? ¿Crees que esto realmente sucedió? ¿Alguna vez has sido protegido de manera sobrenatural?

LA ALABANZA DEL PUEBLO: Después de un milagro tan increíble, Moisés y todos hebreos alabaron a Dios. Moisés y su hermana Miriam cantaron canciones especiales y la gente bailaba y tocaba instrumentos, agradeciendo a Dios por su protección.

Preguntas: ¿Cómo expresas la alegría? ¿Cantas, bailas o tocas un instrumento? ¿Te ha protegido Dios alguna vez? ¿Cómo le das la gracia a Dios?

Éxodo 15:2-3 "Jehová es mi fortaleza y mi cántico, y ha sido mi salvación. Este es mi Dios, y lo alabaré; Dios de mi padre, y lo enalteceré. Jehová es varón de guerra; Jehová es su nombre".

NOTAS

22: ZAQUEO ES ALABADO

LUCAS 19:1-10

UNA DEUDA RESTANTE

Zaqueo era un hombre rico de mala reputación. Él vivía en Jericó, y todos lo conocían como el principal recaudador de impuestos. Como judío que trabajaba para el gobierno romano, era visto como un traidor contra su propio pueblo. Y había acumulado su gran riqueza engañando a su propio pueblo. Es por ello que los cobradores de impuestos eran llamados "pecadores" – – eran extorsionistas insensibles.

Pero el día que el famoso rabino iba a pasar por allí, algo en el interior de Zaqueo le llevó a ver a Jesús. A diferencia de muchos de sus compatriotas judíos, particularmente los religiosos, su frío corazón se abrió al Salvador. Jesús, el lector de corazones, vio la fe de Zaqueo, evidente incluso a través de las ramas de sicomoro. Él lo llamó y lo honró y Zaqueo le recibió.

Después de sólo un breve encuentro con Jesús, el insensible extorsionista se arrepintió. Jesús dijo a todos que este hombre que estaba perdido en su pecado se salvó ese día. Su deuda espiritual fue indultada; él fue perdonado por todas las trampas y todos los actos de la avaricia del pasado.

Sin embargo, instintivamente, Zaqueo sabía que todavía estaba en deuda. Él dijo, " Entonces Zaqueo, puesto en pie, dijo al Señor: He aquí, Señor, la mitad de mis bienes doy a los pobres; y si en algo he defraudado a alguno, se lo devuelvo cuadruplicado". (Lucas 19:8).

Fue perdonado por su pasado, pero Zaqueo, reconoció su responsabilidad por sus acciones. El regalo de salvación que se le dio le obligaba a pagar a la gente a quien había engañado en su vida. Que era momento de hacer las paces, porque mientras él había encontrado paz con Dios, seguía teniendo una deuda con su prójimo.

Pablo más tarde escribiría en la carta a los Romanos, "No debáis a nadie nada, sino el amaros unos a otros; porque el que ama al prójimo, ha cumplido la ley". (Romanos 13:8).

Llega el momento cuando todos sabemos que la salvación, aunque es gratis, nos insta a pagar nuestras deudas con las personas. Hay casos en que no podemos hacer eso, cuando no hay nada que podemos hacer para revertir la pérdida que otro ha sufrido en tus manos. Pero dónde sigue existiendo una deuda, el Señor nos puede dar los medios para "pagarla". Queremos que nuestros corazones, estén limpios de la maraña de deudas, listos para servir al Señor libremente. No debemos deber al mundo nada que no sea amor.

COMPARTE LA HISTORIA

San Lucas 19:10 Porque el Hijo del Hombre vino a buscar y a salvar lo que se había perdido.

UN HOMBRECITO: Cuando Jesús viajaba a Jerusalén, pasó por la ciudad de Jericó. Multitudes de personas salieron a ver a Jesús, incluyendo a Zaqueo, el principal recaudador de impuestos en su distrito. A nadie le gustaba Zaqueo porque era un judío que trabaja para el gobierno romano, y que robaba dinero de su propio pueblo. Zaqueo era muy rico, pero también muy bajo. No podía ver a Jesús más allá de las multitudes debido a su altura.

Preguntas: ¿Te sientes estar en desventaja fisicamente en la vida? ¿De qué manera esas desventajas te retienen? ¿Cómo sientes respecto a los recaudadores de impuestos?

LLAMA LA ATENCIÓN DE JESÚS: Zaqueo corrió por delante de donde Jesús estaba caminando y subió a un sicómoro para poder verlo. Cuando Jesús llegó al árbol, él notó a Zaqueo y le dijo que bajara inmediatamente. Jesús dijo, "Debo quedarme en tu casa hoy." Zaqueo bajó inmediatamente y recibió a Jesús con alegría.

Preguntas: ¿Qué haría usted para poder ver a Jesús? ¿Crees que las personas se fijan en ti? ¿Crees que Jesús se fija en ti? ¿Quién te emocionarías más tener en tu casa como huésped?

EL REPARAR: Cuando Jesús eligió a Zaqueo para darle este honor especial, la gente comenzó a quejarse, diciendo: "Ha decidido ser huésped de un hombre que es pecador". Pero Zaqueo, el pecador, tenía un corazón arrepentido y le dijo a Jesús que él daria la mitad de lo que poseía a los pobres y pagaría a la gente que había robado cuatro veces lo robado. Quería enmendar el daño que había hecho.

Preguntas: ¿Alguna vez has hecho paces con alguien a quién hayas ofendido?

MISIÓN DE JESÚS: Jesús permitió que todos supiesen que la salvación había llegado a casa de Zaqueo. Él era un hijo de Abraham como el resto de los judíos, y él no había sido olvidado. Jesús dijo que su misión era encontrar gente como Zaqueo – – "buscar y salvar lo que se ha perdido."

Preguntas: ¿Hay algún niño en tu familia que tiende a ser el niño olvidado? ¿Te consideras a ti mismo perdido o encontrado? ¿Ha llegado la salvación a tu casa?

San Mateo 9:12-13 Al oír esto Jesús, les dijo: Los sanos no tienen necesidad de médico, sino los enfermos. 13 Id, pues, y aprended lo que significa: Misericordia quiero, y no sacrificio. Porque no he venido a llamar a justos, sino a pecadores, al arrepentimiento.

NOTAS

23: LOS DIEZ MANDAMIENTOS

ÉXODO 19 Y 20

COMPROMISO

Para el momento en que fueron entregados los diez mandamientos, los hebreos habían pasado de ser un pueblo atado a una esclavitud opresiva a estar unidos a Dios.

Dios les llevó de una relación de esclavo-amo a una relación de convenio con Él – – una relación que funcionaba cuando ambas partes mantenían sus promesas. Dios prometió hacer de la gente su especial tesoro en la tierra – – un sacerdocio entre todas las naciones – – mientras le escuchasen y obedeciesen sus mandamientos.

La gente estuvo de acuerdo. Querían ser el pueblo especial de Dios y se comprometieron a mantener su parte del contrato. Dios les dio sus normas en diez órdenes fundamentales y una serie de leyes para su comunidad.

Pero si has leído un poco más allá de esta historia, sabes que los israelitas no mantuvieron su parte del contrato. De hecho, rompieron los mandamientos de Dios casi de inmediato y lo hicieron varias veces a lo largo de su historia.

Qué decepción, no sólo para el lector de la historia, sino para Dios. Él seleccionó este grupo de personas para que fuesen santos y especiales, pero no cumplieron las promesas que le hicieron a Él. Eligieron a otros dioses; ídolos tallados a mano; cometieron toda clase de mal contra sus vecinos... cayeron muy por debajo del estándar de perfección de Dios.

En esta historia real, Dios establece una norma imposible. Como Pablo revelaría más tarde, lo que se presenta como un medio para vincular la gente a Dios se convirtió en un contrato que condenaba a todas las personas al pecado y a la muerte. Nadie podía satisfacer ese estándar.

Así que ¿por qué impuso Dios esa ley?

Si fue hecha para lograr la perfección humana, falló. Sin embargo, no fue ese su propósito. En una hermosa sorpresa, Pablo explicó que a través de los mandamientos de la ley, Dios deliberadamente obligaba a todos a la desobediencia y a la imperfección para que Él tenga misericordia sobre todos. Incluso al entregar el convenio original, el propósito de Dios era derramar misericordia. ¿Por qué entregaría Él estos comandos junto con un sistema de sacrificio para lograr el perdón si no? Sabía que su pueblo incumpliría y que necesitarían su misericordia.

El antiguo convenio, el contrato roto entre Dios y los israelitas, se ha convertido en un hito para revelar nuestra desesperada necesidad de su misericordia. Y Dios ha revelado el fiel cumplimiento del contrato: Jesús. Sólo Jesús podría llevar a cabo su parte del convenio. Y, por abrazarlo, somos perdonados. Somos perdonados y perfeccionados. La ley establece la bondad insondable de Dios. Cuando experimentamos tal bondad inmerecida, estamos obligados a no tener otros dioses que Dios.

COMPARTE LA HISTORIA

Éxodo 20:2-3,5 "Yo soy Jehová tu Dios, que te saqué de la tierra de Egipto, de casa de servidumbre. No tendrás dioses ajenos delante de mí. No te inclinarás a ellas, ni las honrarás; porque yo soy Jehová tu Dios, fuerte, celoso, que visito la maldad de los padres sobre los hijos hasta la tercera y cuarta generación de los que me aborrecen".

EN EL DESIERTO: Los hebreos acababan de cruzar milagrosamente el Mar Rojo y escapar del ejército egipcio, y sin embargo, ya estaban quejándose y deseando estar en Egipto. Faltaron los alimentos, el agua y la seguridad. Sin embargo, Dios les proveyó y satisfació todas sus necesidades. En primer lugar, le dijo a Moisés que lanzase un pedazo de madera en el agua amarga, y se convirtió en agua potable. Entonces Dios hizo llover pan del cielo (llamado maná) y dio a la gente codornices para comer. También dijo a Moisés que golpease una roca con su vara, y el agua salió de esta. Por último, Dios dio la victoria a los Hebreos cuando una tribu les atacó.

Preguntas: ¿Te has preguntado de dónde vendría tu próxima comida? ¿Dios ha provisto para que satisfagas tus necesidades? ¿Qué es más fácil para ti – – quejarte o ser agradecido?

LLAMADO: Dios le dijo a los hebreos que Él tendría una relación especial con ellos si ellos acordaban obedecer sus mandamientos. Ellos serían su " tesoro especial" en el mundo. Y la gente estuvo de acuerdo en hacer lo que Dios les pedía.

Preguntas: ¿Tienes una relación con Dios? ¿Crees que eres un tesoro especial para Él?

MANDAMIENTOS, PARTE 1: Dios les dio a los hebreos un código moral llamado los diez mandamientos. Los comandos son el esquema básico de cómo vivir como el pueblo elegido. Los primeros cuatro mandamientos tratan de la relación del pueblo con Dios: no tendrás dioses ajenos delante de mí; no te harás ídolos; no tomarás el nombre de Dios en vano; y una vez por semana, guardarás el sábado.

Preguntas: ¿Crees que sigues todos los primeros cuatro mandamientos? ¿Crees que las personas adoran ídolos hoy día? ¿Crees que la mayoría de las personas tiene un día de descanso a la semana?

MANDAMIENTOS, PARTE 2: Los seis últimos mandamientos tratan de las relaciones del uno con el otro: honrarás a tus padres; no asesinarás; no cometerás adulterio; no robarás; no mentirás acerca de otros; no desearás la casa de su vecino, su esposa, sus sirvientes, su ganado o sus posesiones.

Preguntas: ¿Te resulta fácil obedecer los diez mandamientos? ¿Cuál crees que es el mandamiento más difícil de seguir? ¿Qué propósito tienen los diez mandamientos hoy día?

San Juan 1:17 Pues la ley por medio de Moisés fue dada, pero la gracia y la verdad vinieron por medio de Jesucristo.

NOTAS

24: LIBERADO DEL DEMONIO

SAN MARCOS 5:1-20

UN CASO DE ESPERANZA

Jesús conoció a un hombre en el lado oriental del mar de Galilea, en el país de los no judíos, que había sido poseído por un conjunto de espíritus malignos. Los Espíritus le habían reducido aparentemente a alguien infrahumano. Vivía en un cementerio, llorando y cortándose a sí mismo, rompía incluso los grilletes de hierro – – era un peligro para la sociedad. Imagina cuán aislado estaba y cuán evitado era ese hombre.

El hombre corrió a Jesús y los demonios dentro de él clamaron a Jesús, rogándole no enviarlos a su juicio final. Tal vez al mismo tiempo, algo profundo en el hombre estaba clamando a Jesús, en silencio pidiendo ayuda.

Como todos los malos espíritus, éstos tenían un mandato de Satanás para robar, matar y destruir. Durante años, la legión de demonios había estimulado el comportamiento autodestructivo que estaba atormentando y matando al hombre, mientras ponía en peligro a cualquier persona que se le acercaba. Sin embargo, con el poder del Espíritu Santo, que da vida, Jesús envió a los espíritus de la muerte a una manada de cerdos.

El hombre fue inmediatamente liberado de la violencia, la locura, el odio hacia sí mismo y la agonía. El pueblo vino a verle y lo encontró sentado, "vestido y en su juicio cabal" (San Marcos 5:15). ¡Al ver al hombre restablecido y sanado aterrorizó al pueblo más que su comportamiento anterior! Nunca habían esperado que cambiase.

El hombre regresó a su ciudad natal y su familia elogió el Dios que transforma a los desesperanzados.

Todos conocemos personas que, aunque les hablemos lógicamente, les amemos o incluso les tratemos de encadenar, persisten en conductas autodestructivas y peligrosas. A veces, existe una influencia demoníaca; en otras situaciones, puede que no. Nos damos por vencidos con ellos porque nada ni nadie puede cambiarlos.

Pero Jesús puede.

No dejes de orar. No dejes de aferrarte a la esperanza, incluso con el caso más desesperado en tu vida. Si Jesús puede transformar a un endemoniado en un evangelista sano, libre, agradecido, tal vez esa persona que tienes en mente sea la siguiente.

Nota: En el programa Tiempo de Revivir, estamos aprendiendo poco a poco acerca de cómo hacer frente a demonios que todavía atormentan a la gente hoy en día. Si bien alentamos a los creyentes a abrazar su autoridad sobre los espíritus malignos, les aconsejamos encarecidamente que primero reciban entrenamiento cuidadoso en la comunidad de expertos miembros del cuerpo de Cristo.

LIBERADO DEL DEMONIO: MARCOS 5:1-20

COMPARTE LA HISTORIA

San Marcos 5:19 "Mas Jesús no se lo permitió, sino que le dijo: Vete a tu casa, a los tuyos, y cuéntales cuán grandes cosas el Señor ha hecho contigo, y cómo ha tenido misericordia de ti."

LEGIÓN: Cuando Jesús avistó el lado sureste del Mar de Galilea, un hombre corrió hacia Él que estaba poseído por espíritus malignos. El hombre vivía en el cementerio, gritaba día y noche y se cortaba a sí mismo con piedras. La gente había intentado atarle con cadenas para evitar que se hiriese a sí mismo, pero él rompió todas las ataduras. Controlado por los espíritus del mal, rogó a Jesús para que no lo torturase. Su nombre era Legión, porque muchos demonios vivían en él.

Preguntas: ¿Crees que la posesión demoníaca realmente ocurre? ¿Algo te ha asustado o aterrorizado?

CERDOS: Los demonios dentro del hombre le pidieron a Jesús que no los enviase fuera del área, sino a una manada de cerdos que estaba cerca. Jesús accedió y envió a los malos espíritus a los cerdos. Dos mil cerdos corrieron por la orilla en el Mar de Galilea y se ahogaron. Los hombres que habían estado atendiendo la manada corrieron a contarles a todos lo que habían visto.

Preguntas: ¿Cuál es la cosa más loca que hayas visto pasar delante de ti?

CORDURA: La gente del pueblo sale a ver qué había sucedido. Hallaron al hombre que había sido poseído por el demonio sentado tranquilamente y vestido, mentalmente sano. Tenían miedo a Jesús y le rogaron que saliese de su región.

Preguntas: ¿Cómo defines la locura? ¿Cómo defines la cordura? ¿Cómo puede una persona que no está sana mentalmente, sanarse?

RESTAURADO EN LA COMUNIDAD: Cuando Jesús se dispuso a abandonar la zona, el hombre que había sido liberado pidió ir con él. Pero, Jesús le dijo que regresase a su ciudad natal y a su familia y que les contase sobre lo que Dios había hecho por él y sobre la misericordia que había recibido. El hombre les dijo a muchas personas en la región sobre lo que Jesús hizo, y ellos se asombraron.

Pregunta: ¿Alguien en tu familia, alguna vez, se ha transformado radicalmente? ¿Cuál es tu testimonio?

Salmo 9:1 Te alabaré, oh Jehová, con todo mi corazón; contaré todas tus maravillas.

NOTAS

25: DOCE ESPÍAS

NÚMEROS 13 Y 14

LA PRUEBA DE LAS LANGOSTAS

Dios había prometido a Abraham que él sacaría adelante a una gran nación y que él heredaría la tierra de Canaán. Entonces Dios probó a Abraham diez veces. Después de haber pasado por nueve pruebas Abraham, Dios le dio el último desafío en el que pedía que atara a su hijo Isaac a un altar y lo sacrificara. Pero Isaac se salvó al final, Abraham voluntariamente había confiado en Dios levantando el cuchillo sobre su hijo. Este fue el momento que Abraham fue confirmado como un hombre de gran fe... con la décima prueba.

Muchos años después, los hijos de Abraham salieron de 400 años de esclavitud como una gran nación de dos millones de personas. Dios estaba listo para darles la tierra que le había prometido a Abraham. Los llevó por el desierto desde el país de su esclavitud, hasta la tierra de la promesa, y allí, la gente probó a Dios diez veces. Y Dios pasó cada prueba – – demostrando ser fiel, fuerte, capaz de proporcionar y sabio – – el pueblo continuó probándolo y desconfiando de Él. Fue la décima y última prueba que probó la incredulidad de la gente, poco a poco, habían desentrañado la fe de Abraham. Y todo por culpa de los diez espías y un miedo tóxico.

En la décima prueba, doce espías chequearon la tierra prometida y volvieron con informes. Todos estaban de acuerdo en que era la tierra ideal, pero diez espías señalaron un problema – – habían encontrado la tierra de Canaán, llena de ciudades fortificadas y en las ciudades, "hombres de gran estatura". Los espías decían que ellos eran sólo langostas en comparación con los cananeos. Para los descendientes de Abraham, ir a la tierra prometida sería inútil.

Aunque los otros dos espías no estaban de acuerdo, la nación aceptó el informe negativo — que eran demasiado pequeños para hacer frente a estos gigantes. Con su nueva identidad lamentable, estaban dispuestos a matar a los dos espías que no estuvieron de acuerdo, con rechazar a Moisés como líder y volver a Egipto. Su temor los llevó a morir en el desierto entre la esclavitud y la libertad. Los espías infieles enfrentaron su propio castigo; ellos murieron de una plaga, al igual que las diez plagas que Dios había mostrado en Egipto.

¿Cuál fue este miedo tóxico que les llevó a la décima falta? Fue el temor del hombre. Josué sabía lo que Dios había prometido: "Si Jehová se agradare de nosotros, él nos llevará a esta tierra, y nos la entregará; tierra que fluye leche y miel". (Núm. 14:8). Había temido y había honrado a Dios mientras que los otros temieron y honraron a los hombres gigantes cananeos. Aunque de hecho, Dios había prometido darles la tierra como un regalo, la gente rechazó el regalo porque ellos honraban la gran estatura de los hombres en vez de honrar la grandeza de Dios. Ellos creían que los cananeos les veían a ellos como langostas, así que se convirtieron en langostas.

Tú, que te sientes pequeño e impotente alrededor de otras personas, has olvidado que Dios es más grande que ellos. Tú, que tan a menudo agonizas sobre lo qué piensa la gente, has perdido el valor de la opinión de Dios. Y su opinión es que Él se deleita en ti. Ninguna persona puede convertirte en langosta. Pero si le temes al hombre tú mismo te conviertes en langosta, puedes caer en algún lugar entre la esclavitud y la libertad. La décima prueba sucede cuando estás a punto de avanzar y puedes superarla si dejas de temblar frente a los "hombres de estatura" y empiezas a creer en un gran Dios.

DOCE ESPÍAS: NÚMEROS 13 Y 14

COMPARTE LA HISTORIA

Números 14:8-9 "Si Jehová se agradare de nosotros, él nos llevará a esta tierra, y nos la entregará; tierra que fluye leche y miel. Por tanto, no seáis rebeldes contra Jehová, ni temáis al pueblo de esta tierra; porque nosotros los comeremos como pan; su amparo se ha apartado de ellos, y con nosotros está Jehová; no los temáis".

DIOS NOS GUÍA: Después de que el pueblo recibió la ley de Dios, Él les ordenó construir un tabernáculo – – una tienda donde su presencia moraría. En el día, una nube lo cubría y por la noche parecía ser de fuego. Cuando el pueblo viajaba a través del desierto, sólo se detuvieron cuando la nube dejo de moverse. El pueblo siguió su guía que se les manifestó a través de la ley y de la presencia de Dios morando entre ellos.

Preguntas: ¿Crees que Dios siempre ha estado íntimamente involucrado en la historia humana? ¿Te guía Dios? – – y si es así, ¿cómo lo sabes?

ESPIANDO LA TIERRA: Moisés envió a doce hombres, uno de cada una de las doce tribus, a ver la tierra prometida de Canaán. Exploraron durante cuarenta días y volvieron con sus informes. Todos ellos coincidieron en que la tierra era muy buena, pero diez de los espías dijeron que la gente de esa tierra era demasiado fuerte y que sus ciudades estaban muy fortificadas. No tenían fe de que los hebreos pudiesen conquistar la tierra. Pero Josué y Caleb no estuvieron de acuerdo y creían que podían reclamar la tierra.

Preguntas: ¿Cuál es la cosa más loca que hayas visto pasar delante de ti?

INTERCESIÓN: La gente tenía miedo y creía que serían incapaces de entrar en la tierra que Dios les prometió a ellos. Dios se molestó y le dijo a Moisés que Él acabaría con esa gente y crearía una nueva nación para que Moisés la condujese. Pero Moisés le rogó a Dios, recordándole acerca de su carácter propio: "lento para la ira, abundante en amor y en el perdón del pecado y de la rebelión."

Preguntas: ¿Crees que Dios perdona? ¿Crees que Dios es un Dios airado? ¿Crees que Dios es amoroso?

CONSECUENCIAS: Aunque Dios indultó a la gente, aún tendrían consecuencias por su falta de fe. Nadie de esa generación (la de Moisés) – de más de 20 años de edad – – vería jamás la tierra prometida, sino que vagarían por el desierto durante 40 años.

Preguntas: ¿Alguna vez has tenido que pagar las consecuencias de tus actos? ¿Son justas las decisiones de Dios?

Romanos 11:32-33 "Porque Dios sujetó a todos en desobediencia, para tener misericordia de todos. ¡Oh profundidad de las riquezas de la sabiduría y de la ciencia de Dios! ¡Cuán insondables son sus juicios, e inescrutables sus caminos!"

NOTAS

26: APRENDIENDO A ORAR

SAN MATEO 6:5-13; SAN LUCAS 11:1-13

ARMA TU TIEMPO DE INTIMIDAD

Jesús "mas el se apartaba a lugares desiertos, y oraba" (San Lucas 5:16). Aquellos momentos de intimidad con el Padre fueron invaluables y preciosos para Jesús. Él priorizaba su tiempo de oración y lo guardaba.

Estamos obligados a imitar a Jesús haciendo de la conversación íntima con Dios nuestra prioridad. Pero, a pesar del hecho de que Jesús nos dio una oración modelo simple de imitar, a menudo encontramos que es difícil orar. Parecería que nuestra vida de oración es atacada. Sí, el enemigo sabe que somos nada sin esa conexión con el Padre. El enemigo complica lo que Jesús hizo muy simple. Afortunadamente, contamos con herramientas para proteger nuestra vida de oración.

Jesús dijo que orársenos a nuestro Padre en el cielo y que reconociésemos su santidad y su perfección. El enemigo nos impide orar cuando susurra que nosotros estamos en mal estado, que somos impíos e indignos. Contra la sensación de indignidad y de vergüenza, tenemos armadura – – el casco de la salvación. Esta herramienta declara que somos dignos de orar porque el Señor nos lo ha exigido.

Jesús dijo que orásemos diciendo que Dios traería su reino y haría su voluntad. El enemigo quiere que nos distraigamos con reinos propios y nuestra propia voluntad. Contra la edificación de reinos y nuestro propio voluntarismo, tenemos armadura – – la espada del Espíritu – – la palabra de Dios. Esta herramienta perfora nuestras motivaciones más profundas, y nos llama de vuelta a su voluntad.

Jesús dijo que pidiésemos nuestro pan de cada día. El enemigo quiere centrarse en el volumen de nuestras necesidades, hacernos sentir abrumados y que comencemos a desconfiar de la provisión de Dios. Entonces, no pedimos. Para la desconfianza, tenemos armadura – – el cinturón de la verdad. Esta herramienta nos une en la confianza, porque la verdad es que Dios satisface todas nuestras necesidades.

Jesús dijo que pidamos perdón en la oración y que perdonemos a nuestros deudores. El enemigo quiere que nos fijemos en nuestros deudores, y en cuánto nos deben. Así que, evitamos orar y nutrimos nuestra amargura. Hay una armadura para la amargura – – el calzado del Evangelio de la paz. Estos zapatos nos llevan al amor y a la reconciliación y a abrirnos a la oración.

Jesús dijo que orásemos, que el Señor nos guiaría lejos de la tentación. Si estamos cayendo en la tentación, estamos donde el enemigo nos quiere – – en el ciclo del pecado y de la culpa y dejando de lado a Dios. Para la tentación, el pecado y la culpa, tenemos armadura –: la coraza de justicia. Usamos la justicia de Jesús y dependemos de los méritos de su bondad.

Jesús dijo que pidiésemos al Señor que nos librará del mal, pero si ya estamos enredados en la trampa del enemigo, somos incapaces de orar. Para la emboscada del enemigo, hay armadura – – el escudo de la fe. Estando en la fe, redirigimos todos los dardos del enemigo.

Tu intimidad con Dios está bajo ataque. Si encuentras que tu vida de oración está vacía, débil o inexistente, encuentra el eslabón más débil en tu armadura. Reaviva y protege tu conversación con Dios.

COMPARTE LA HISTORIA

San Lucas 11:9-10 "Y yo os digo: Pedid, y se os dará; buscad, y hallaréis; llamad, y se os abrirá. Porque todo aquel que pide, recibe; y el que busca, halla; y al que llama, se le abrirá."

LA ORACIÓN NO ES UN ESPECTÁCULO: Jesús enseña a sus seguidores cómo orar sin ser hipócritas, como quien ora en público para que las personas piensen bien de ellos. En cambio, deben orar a Dios en secreto. Los hipócritas recibían elogios de la gente, pero aquel que oraba en secreto recibía elogio de Dios. Y Dios ya sabía lo que necesitaban, por lo que no necesitaba oraciones prolijas.

Preguntas: ¿Oras? ¿Crees que Dios responde a un tipo de oración más que a otros tipos de oraciones? ¿Cuál crees que es el propósito de la oración?

CÓMO ORAR, PARTE 1: Jesús dio una oración modelo a sus seguidores – – la oración del Señor. La primera parte de la oración reconoce a Dios como nuestro Padre en el cielo, y que su nombre debe ser santificado. Esto significa que sus seguidores deben considerarlo siempre como santo y perfecto. La siguiente línea de la oración dice, "Venga tu reino, hágase tu voluntad, como en el cielo, así también en la tierra". Los seguidores de Jesús han sido instruidos para orar por el Reino de Dios en la tierra.

Preguntas: ¿Qué crees que significa "santificado"? ¿Qué significa orar "Venga tu reino, hágase tu voluntad, como en el cielo, así también en la tierra"? ¿Puede la tierra ser como el cielo? ¿Por qué?

CÓMO ORAR, PARTE 2: La segunda mitad de la oración responde a las necesidades del creyente: "El pan nuestro de cada día, dánoslo hoy. Y perdónanos nuestros pecados, porque también nosotros perdonamos a todos los que nos deben. Y no nos metas en tentación, mas líbranos del mal."

Preguntas: ¿Cómo quedan satisfechas tus necesidades diarias – – participa Dios en este proceso? ¿Es importante el perdón de los demás? ¿Crees que hay un maligno que trabaja en el mundo hoy?

AUDACIA: Jesús contó una parábola (o historia) acerca de un hombre que fue a casa de su vecino por la noche para pedirle pan porque no tenía nada que darle a un inesperado visitante, que había llegado a su casa. El hombre le pidió insistentemente hasta que el vecino le dio pan. Asimismo, debemos ir a Dios con nuestras peticiones. Y Dios responderá mucho más de lo que nos daría un vecino.

Preguntas: ¿Responde Dios a nuestras oraciones? ¿Crees que Dios quiere contestar nuestras oraciones, o está renuente a estas? ¿Has orado por algo durante mucho tiempo sin obtener una respuesta aparente?

San Marcos 11:23-24 "Porque de cierto os digo que cualquiera que dijere a este monte: Quítate y échate en el mar, y no dudare en su corazón, sino creyere que será hecho lo que dice, lo que diga le será hecho. Por tanto, os digo que todo lo que pidiereis orando, creed que lo recibiréis, y os vendrá."

NOTAS

27: JOSUÉ

JOSUÉ 1; 2; 6

GARANTÍA

Dios llamó a Josué para hacer lo que toda una generación temía hacer – – ir a poseer la tierra prometida de Canaán. Porque Josué tenía fe en Dios cuando todo el mundo dijo que era imposible, Dios lo honró como un líder poderoso, victorioso de Israel.

El SEÑOR dijo a Josué que evite las mismas actitudes de la generación anterior que la causaron vivir cuarenta años de futilidad y finalmente costaron la muerte en el desierto: "no tiembles; o desmayes"(Josué 1:9). La generación anterior había tenido miedo de lo que estaba en la tierra delante de ellos y se sentían consternados por sus circunstancias. El miedo y la consternación no protegen, sino que incapacitan e impiden obtener la victoria. En lugar de miedo, Josué necesitaba fuerza y coraje.

Así que con la fuerza y el coraje basados en la fe en la habilidad de Dios, Josué siguió adelante. El punto de entrada a la tierra prometida cayó en sus manos como arena granulada. No necesitaba ser estratégico o estar calificado, sino que tenía que ser valiente y estar expectante. Él entró en lo que antes fue sólo una promesa en el reino invisible. Porque Dios ya había conseguido la victoria y había hecho clara su palabra, Josué dejó ir su necesidad de controlar los resultados. Estos se establecieron. Controlaba sólo una cosa: poner un pie delante del otro. Si hubiese invitado al miedo, se habría desviado a derecha o izquierda. Pero el valor de la fe le señala directamente hacia el obstáculo que cayó delante de él.

Muchas veces no nos acercamos lo suficientemente hasta el obstáculo para ver si se desmenuzará. Seguimos los desvíos a los que nos lleva el miedo y el desaliento y evitamos el camino directo de la fe valiente. Hacemos esto ignorando el hecho de que Dios nos ha hecho para que hagamos lo imposible junto a Él. Ya ha garantizado cada resultado imposible, con un milagro. Simplemente estamos invitados a caminar hacia este y poseerlo con valentía.

Si realmente entendimos qué tan mínimos son los riesgos, tomaríamos la ciudad y la nación. Macharíamos hacia el peligro y atravesaríamos, sin tener que sufrir ansiedad.

Dios se ha encargado de los resultados imposibles. Pero tenemos que creerle y realmente entrar en la batalla. Nuestro desafío es caminar recto y tomar en nuestras manos cada promesa – – para poseer lo que Dios ha hecho por nosotros. Cuando operamos con coraje y con fe, finalmente dejamos el desierto de la futilidad y vivimos como Dios quiere que lo hagamos. Y siendo el riesgo nulo y estando garantizada la victoria, ¿por qué no lo haríamos?

¿Cómo actuarías de forma diferente en cada situación de tu vida si supieras que obtendrás la victoria? ¿Qué tipo de acciones audaces tomarías – – en el amor, en el compartir la noticia acerca de Jesús, en la creación de lo que Dios ha hecho nacer en ti – – si supieras que no puedes fallar?

COMPARTE LA HISTORIA

Josué 1:9 "Mira que te mando que te esfuerces y seas valiente; no temas ni desmayes, porque Jehová tu Dios estará contigo en dondequiera que vayas".

JOSUÉ SUSTITUYE A MOISÉS: El tiempo del liderazgo de Moisés llegó a su fin. Dios cumplió su palabra de que Moisés no llegaría a entrar en la tierra prometida, pero llamó a Moisés a la cima del Monte Nebo para que viese la tierra. Moisés murió en el Monte Nebo, y Josué tomó el liderazgo. Era una nueva era para los israelitas.

Preguntas: ¿Crees que la nueva generación se erige como líderes de nuestra nación?

FUERTE Y VALEROSO: Dios dijo a Josué que condujese al pueblo a la tierra prometida. Josué tenía mucho que hacer para llegar a ser un líder como Moisés. Sin embargo, Dios le dijo no tengas miedo y "Sé fuerte y muy valiente." Dios prometió a Josué que iría con él donde quiera que este fuese.

Preguntas: ¿Alguna vez te sientes intimidado o abrumado? ¿Eres una persona valiente?

RAHAB + CRUZANDO EL RÍO: Antes de entrar en la tierra, Josué envió a dos espías. El rey de la ciudad-estado de Jericó descubrió que los espías estaban allí y trató de encontrarlos. Pero una prostituta llamada Rahab salvó a los espías escondiéndolos bajo su techo. A cambio, prometieron dejarle con vida cuando los israelitas invadiesen la ciudad. Rahab fue reconocida como una heroína de la fe. Debido a sus acciones, el pueblo de Israel entró en la tierra, cruzando el río Jordán milagrosamente como habían cruzado el Mar Rojo.

Preguntas: ¿Sabías que una prostituta era heroína en la Biblia, y que ella era de la familia consanguínea de Jesús? ¿Alguna vez has tenido una gran misión que cumplir?

CONQUISTA DE JERICÓ: Según las instrucciones de Dios, el ejército israelita rodeó la ciudad de Jericó durante seis días, no haciendo ningún ruido excepto el sonido de las trompetas. En el séptimo día, la gente rodeó a Jericó siete veces. La séptima vez sonaron las trompetas y dieron un grito de guerra. Las murallas de Jericó cayeron al suelo, y los israelitas capturaron la ciudad, destruyendo todo y a todos allí – – excepto a Rahab y a su familia.

Preguntas: ¿Has experimentado la sensación de victoria? ¿Necesitas una victoria en su vida?

1 Corintios 16:13-14 "Velad, estad firmes en la fe; portaos varonilmente, y esforzaos. Todas vuestras cosas sean hechas con amor."

NOTAS

28: BUSCANDO AL PERDIDO

SAN LUCAS 15

¿SOY TAN VALIOSO?

La historia del hijo pródigo es una de las más conocidas parábolas de Jesús. Se encuentra en el libro de Lucas tras otras dos parábolas, una acerca de una oveja y otra sobre monedas.

Las tres historias tienen una idea en común. En la primera historia, había un pastor que perdió una oveja. En la segunda, una mujer que perdió una moneda. En la tercera, un padre que perdió a un hijo.

Se perdió algo muy valioso. Jesús les contó las historias en un orden determinado. En cada escenario, la pérdida fue mayor.

El pastor tenía cien ovejas. Una se le perdió, y eso fue suficiente para que él buscase por las colinas y los valles hasta que la encontró. Y se regocijó al encontrar la oveja – – era su sustento y su responsabilidad. Lo que estaba perdido ha sido encontrado.

La mujer tenía diez monedas. Una moneda se le perdió y fregó su casa para encontrarla. Esta moneda era probablemente parte de su dote, algo especial como un brillante de un anillo de boda y era insustituible. Cuando la encontró, les contó a sus amigos y todos se regocijaron con ella.

El padre tenía dos hijos – – sólo dos hijos. Uno tomó su dinero de la herencia y se marchó. Renunció a su padre y al hogar en que crecía. Se convirtió en un extraño para su padre. El padre de la historia no busca ni friega la campiña por arriba y por abajo. Él dio a su hijo la libertad de elegir su camino. Pero cuando el hijo, el más joven de los dos, volvió de regreso a casa, el padre lo vio y corrió a saludar al hijo que una vez se había perdido, pero ahora había sido encontrado.

Encontrar una oveja perdida fue un alivio; encontrar una moneda de la dote perdida significó una celebración; pero encontrar a un hijo perdido era una alegría indescriptible.

Esta triple imagen del Reino nos permite dar un vistazo al amor de Dios por nosotros y su alegría por cada persona perdida que ha vuelto al Padre. Pero hace algo más, algo que podemos evitar señalar en nombre de la supuesta humildad. El trío de parábolas representa lo valiosos que somos. ¿Somos tan valiosos como una oveja a su pastor? Sí, Dios responde, ¡pero sigue leyendo! ¿Somos tan valiosos como un anillo de bodas lo es para una esposa? Sí, ¡pero sigue leyendo! ¿Somos tan valiosos como el hijo menor para su padre? Sí. Somos insustituibles, preciosas y valiosos.

¿Creemos eso de nosotros mismos? Jesús no hubiera contado estas historias si verdaderamente no representasen la verdad sobre el amor de Dios. Cuando entendemos lo valiosos que somos, podemos empezar a vivir, no como hijos pródigos o envidiosos hermanos mayores, sino como a hijos agradecidos. Ora para que Dios revele tu propio valor.

COMPARTE LA HISTORIA

San Lucas 15:10 "Así os digo que hay gozo delante de los ángeles de Dios por un pecador que se arrepiente."

OVEJAS Y MONEDAS: Los líderes religiosos se quejaban porque Jesús pasaba tiempo con personas que eran consideradas "pecadores". En respuesta, Jesús les dijo a tres breves parábolas para enseñarles una verdad espiritual. En el primero, un pastor perdió una oveja, pero dejó las otras 99 para encontrar esa. En el segundo, una mujer pierde una moneda valiosa, buscó hasta que la encontró y luego celebraron con sus amigos. Jesús dijo que Dios celebra cuando se arrepiente un pecador perdido y se encuentra.

Preguntas: ¿Has perdido alguna vez algo valioso para ti? ¿Cómo actuaste cuando lo encontraste?

EL HIJO PERDIDO: La tercera historia contaba un relato más detallado de un hombre cuyo hijo menor pidió su parte de la herencia y se fue a un país lejano. Allí, él vivió una vida salvaje, extravagante y temeraria y perdió todo su dinero. Cuando una hambruna llegó a esas tierras, el joven no tenía dinero ni comida y cuidaba cerdos que tenían más de comer que lo que él tenía.

Preguntas: ¿Alguna vez fuiste rebelde? ¿Te consideras un tipo descontrolado? ¿Eres a veces imprudente? ¿Te has dado cuenta que a veces el pecado te lleva a un lugar a donde nunca habrías querido ir?

BIENVENIDO A CASA: Cuando el hijo perdido vio a los cerdos comer, se dio cuenta de que los siervos de su padre tenían una mejor vida que él. Regresó a casa, dispuesto a convertirse en un siervo. Pero, su padre corrió a reunirse con él, lo envolvió en un manto de honor, le puso el anillo familiar en su dedo y le calzó sandalias en sus pies. El padre estaba listo para celebrar el regreso de su hijo perdido.

Preguntas: ¿Cómo te trataría tu familia si les insultases, les dejases y luego regresases? ¿Te sientes bienvenido en tu familia? ¿Cómo crees que es un buen padre?

EL HERMANO MAYOR: El padre ordenó a los criados para matar el novillo gordo, que estaba reservado para las celebraciones especiales y celebró el regreso de su hijo. Sin embargo, el hermano mayor escuchó la música y las fiestas desde el campo y tuvo que preguntar qué estaba sucediendo. Herido porque él se quedó en casa y sirvió a su padre, enojado porque su hermano había derrochado la herencia, y celoso por la atención de su padre, el hermano mayor se negó a celebrar el regreso de su hermano. El hermano mayor no se dio cuenta que siempre había tenido acceso a todos los regalos de su padre.

Preguntas: ¿Con quién te identificas más en la historia – – con uno de los hermanos o con el padre?

Romanos 5:8 Mas Dios muestra su amor para con nosotros, en que siendo aún pecadores, Cristo murió por nosotros.for us.

NOTAS

29: GEDEÓN

JUECES 6 Y 7

SEÑALES

Como cualquier otra persona cuya historia aparece en la escritura, Gedeón era un hombre demasiado humano. Cuando Dios se reunió con él por primera vez, Gedeón estaba trillando trigo en un lagar – – porque estaba escondido y asustado.

¿Y quién podría culpar a Gedeón por tener miedo? Vivió en una época en la que Israel estaba bajo el poder de opresores extranjeros; ningún lugar era seguro. Todo el mundo estaba escondido. Todo el mundo tenía miedo. Por alguna razón, Dios buscó en las paredes subterráneas del lagar, consiguió a este hombre asustado y lo llamó "Poderoso Guerrero". Mientras el juicio humano no habría calificado a Gedeón de esta manera, Dios vio su potencial. Él llamó a Gedeón para que salvara a Israel – – para que se convirtiese en un héroe.

En ese momento de intersección entre la supervivencia y el heroísmo, Gedeón hizo lo que hacen los seres humanos: él pidió una prueba. ¿Hablaba Dios realmente con él? Pidiendo una señal no es exclusivo de los judíos o de los cristianos, o de las personas que creen en un Dios de cualquier tipo. Es una cuestión de la naturaleza humana. Incluso de aquellos que no están familiarizados con la mirada del Creador y buscan un símbolo, una confirmación, un signo en el zodiaco, o un fenómeno inusual. Los héroes, también son propensos a buscar una prueba sobrenatural para iluminar su camino hacia un futuro oscuro. Gedeón estaba a nuestro nivel... no era ni más valiente ni más poderoso que el resto de nosotros.

Y Dios le concedió graciosamente un indiscutible signo: fuego en el cielo. Claramente, el único Dios verdadero estaba llamando a Gedeón a la vanguardia del ejército de Israel. Pero, la historia revela que Gedeón no era muy valiente ni muy poderoso: pidió otro signo. Y otro. No fue sino hasta que escuchó a un hombre describiendo el sueño de Dios, la cuarta señal, que Gedeón realmente se hizo fuerte por encima de cualquier poder. Entonces, él y los trescientos soldados arrasaron un ejército de 135.000 sin tan siquiera un arma. Todo lo que tomó fueron cuatro signos de Dios para que Gedeón condujese las tropas.

Aprendemos del vacilante Gedeón porque, del mismo modo, no parecemos satisfecho con las señales que Dios nos da. Por eso pedimos señales una y otra vez. No confiamos en esas muestras hasta que tenemos una horda de signos sobrenaturales como respaldo. Pero en algún momento uno tiene que preguntarse, si no creemos la primera señal o el cuarto signo, ¿cuáles son las probabilidades de que creamos en la próxima que nos dé?

Todos queremos confirmación, especialmente cuando creemos que Dios nos está llamando a algo nuevo y aterrador (trabajo, posición, relación, libertad personal). Si recibes una señal de que Dios va a hacer algo por ti o a través de ti: (a) no esperes resultados inmediatos; el resultado puede tomar semanas o años. (b) no esperes que las cosas se vean bien. Probablemente se verán mal, realmente — 135, 000 contra 300, por ejemplo. (c) no esperes que Dios te muestre el "cómo". Gedeón no tenía idea de cómo él sólo iba a ahuyentar un ejército fuera del país. Y, (d) debes ser sabio y saber discernir, pero también debes tener en cuenta que si Dios te ha dado una señal, puede que Él sólo desee que lo creas y ya.

GEDEÓN: JUECES 6 Y 7

COMPARTE LA HISTORIA

Jueces 6:12,14 "Y el ángel de Jehová se le apareció, y le dijo: Jehová está contigo, varón esforzado y valiente... Y mirándole Jehová, le dijo: Ve con esta tu fuerza, y salvarás a Israel de la mano de los madianitas. ¿No te envío yo?"

RENEGADOS: Desde la época de Josué, Israel pasó por ciclos de rebelión contra Dios. En varias ocasiones adoraron a dioses falsos, cayeron bajo la opresión enemiga, clamaron a Dios, y luego recibieron jueces para que los guiasen de regreso a Dios. En la época de Gedeón, se habían rebelado nuevamente y estaban bajo la opresión de los madianitas. Cuando apareció el ángel del Señor, Gedeón preguntó por qué Dios había abandonado a Israel y había permitido que cosas terribles sucediesen.

Preguntas: ¿Te has sentido abandonado por Dios? ¿Crees que los sucesos horribles prueban que Dios no existe?

DIOS LLAMA A GEDEÓN: El Señor mostró a Gedeón que no había abandonado a Israel, sino que ahora estaba enviando a Gedeón a salvar a Israel. Gedeón dijo que él era el miembro más débil de su familia en el clan más débil de Manasés. Pero Dios confirmó su elección enviando el fuego como señal. Gedeón se había vuelto temeroso en presencia de Dios. Pero Dios le dio paz.

Preguntas: ¿Sentirías que eres el adecuado si fueras llamado para que salvases a un grupo de personas? Cuando te imaginas en la presencia de Dios, ¿te sientes temeroso o en paz?

MISIONES 1ª Y 2ª: La primera misión de Gedeón fue derribar el altar, de su padre, hecho a Baal y Asera, que era un poste de culto pagano. Gedeón lo destruyó en medio de la noche para ocultar sus acciones. Cuando la gente lo descubrió y amenazó a Gedeón, su padre dijo que si Baal era un Dios real, él se defendería a sí mismo. Antes de su próxima misión en la que debería enfrentar al ejército madianita, Gedeón sacó un vellón de lana y le pidió a Dios que lo empape con rocío durante la noche, pero que dejase el suelo seco, para darle otra señal. La noche siguiente, Gedeón pidió a Dios que invirtiera el signo – – que el vellón estuviese seco y el suelo húmedo. Cuando los signos fueron dados, Gedeón estaba preparado para la batalla.

Pregunta: ¿Le has pedido una "prueba de la lana" a Dios?

BATALLA CONTRA MADIÁN: Dios dijo que el ejército de Gedeón de 32.000 hombres era demasiado grande. A través de un par de pruebas, el ejército se redujo hasta que sólo quedaron 300 hombres para hacer frente a 135.000 madianitas. De esta manera, la victoria iba a pertenecer a Dios, no al hombre. El pequeño ejército de Gedeón invadió el campamento enemigo y lo condujo a la victoria.

Preguntas: ¿Cómo podría un ejército de 300 derrotar a un ejército de 135.000? ¿Hay alguna situación en tu vida en que las probabilidades sean grandes? ¿Crees que Dios puede darte la victoria de todos modos?

1 Corintios 1:27 sino que lo necio del mundo escogió Dios, para avergonzar a los sabios; y lo débil del mundo escogió Dios, para avergonzar a lo fuerte

NOTAS

30: REVELANDO EL REINO

SAN MAT. 5:3-10; 13:24-50; 18:1-5; SAN LUCAS 20:27-36: SAN JUAN 14:1-3

UNA CONDICIÓN

Los Evangelios hablan del Reino (llamado el Reino de Dios y el Reino de los cielos) más de cien veces. Este fue el centro de todas las enseñanzas de Jesús. El Reino de Dios era su reino, y él lo había traído a la tierra. Le dijo a los fariseos en San Mateo 12: "Pero si yo por el Espíritu de Dios echo fuera los demonios, ciertamente ha llegado a vosotros el reino de Dios" (v. 28).

Jesús también dijo en tiempos diferentes que el reino estaba cerca, o que se encontraba "dentro de ti."

Al mismo tiempo, Jesús y los escritores del Nuevo Testamento consideraron el Reino de Dios como algo que vendría al final de la era. Así que, el Reino de Dios es el Nuevo Jerusalén, donde todo pecado y dolor serían desterrados, y Jesús sería entronizado.

Algunos teólogos manejan esta dicotomía (el Reino ha llegado, el Reino está en el futuro) mediante el uso de la frase "ya, todavía no." El Reino ya ha sido establecido y realizado, pero no en su totalidad.

Puede llegar a ser una gran discusión teológica.

Pero Jesús lo puso de forma simple. Él describió el Reino en términos simplistas, un campo, una semilla, una planta, una red de pesca. Si nos ponemos a pensar de más, podemos caer en la confusión. De todas maneras no son los que tienen gran sabiduría quienes entienden el Reino.

"Y dijo: De cierto os digo, que si no os volvéis y os hacéis como niños, no entraréis en el reino de los cielos". (San Mateo 18:3)

Mientras que la religión ha pasado miles de años perfeccionando una lista de condiciones para quienes desean entrar en el Reino, Jesús hizo que los requisitos de entrada fuesen fáciles... demasiado fáciles para algunos... demasiado fáciles para los fariseos, que se enorgullecían de su lista de logros... demasiado fáciles para los muy refinados, para los educados teológicamente, quienes no querían humillarse. Jesús dijo que la condición del Reino era ser niño.

Podemos sentirnos obligados a buscar entendimiento de cada letra y tilde de las Escrituras para sentirnos calificado para el Reino de Dios. Pero la humilde confianza de un niño es suficiente.

COMPARTE LA HISTORIA

San Mateo 5:3 Bienaventurados los pobres en espíritu, porque de ellos es el reino de los cielos.

BIENAVENTURANZAS: A través de sus enseñanzas e historias, Jesús reveló las características del Reino de Dios. Una descripción del Reino se encuentra en las Bienaventuranzas. Cada bienaventuranza es una frase que comienza con "Bienaventrados los…" y luego describe las personas felices y afortunadas que conforman el Reino de Dios. Pero la gente que Jesús llama bendecida no era los esperados: los pobres de espíritu, los que lloraban, los mansos, los que tenían hambre y sed de justicia, los misericordiosos, los limpios de corazón, los pacificadores y los perseguidos.

Preguntas: ¿Qué clase de gente describirías como "bienaventurada"? ¿Cuál de las ocho descripciones de las Bienaventuranzas te describe a ti? ¿Están estas personas bendecidas? ¿Por qué?

TRIGO: Jesús contó una historia acerca de un sembrador que plantó un campo de trigo. En medio de la noche, un enemigo sembró malas hierbas junto al trigo. Los siervos le preguntaron si debían arrancar las malas hierbas. Pero el sembrador les dijo que dejasen las malas hierbas crecer junto con el trigo hasta la cosecha, porque podrían arrancar el trigo por accidente. Durante la cosecha, separarían el trigo de la maleza – – se almacenaría el trigo y la cizaña se quemaría. Esta historia presenta una imagen del mundo – – aquellos que aceptan a Jesús entrarán en su reino al final, y aquellos que rechazan a Jesús serán destruidos con "llanto y el crujir de dientes".

Preguntas: Cuando escuchaste la historia del trigo y la cizaña, ¿cómo la interpretaste? ¿Qué opinas de ti mismo como trigo o una mala hierba? ¿Qué significa "el crujir de dientes"?

MATRIMONIO E HIJOS: Cuando los discípulos le preguntaron quién sería el más grande en el Reino, Jesús dijo que quien se humillase a sí mismo como un niño sería el más grande. En otra ocasión, los Saduceos (una secta política de judíos que eran muy serios acerca de la ley, pero no creían en los Ángeles, los espíritus o la resurrección) trataron de hacer caer a Jesús preguntándole ¿Qué pasaría si una mujer quedaba viuda siete veces por haberse casado con siete hermanos uno tras la muerte del otro – quién sería su marido en el momento de la resurrección? Respondió Jesús: en la resurrección, en el Reino, no se casarán sino que todos serán como ángeles en el cielo.

Preguntas: ¿Por qué son importantes los niños para la sociedad? ¿Qué significa ser aniñado?

LA CASA DE MI PADRE: Antes de su crucifixión, Jesús les dijo a sus discípulos que no se preocupasen, porque Él iría a preparar un lugar para ellos en la casa de Su Padre. Y Él volvería a ellos, y ellos le dejarían para siempre en el Reino.

Preguntas: ¿Dónde crees que estarás en mil años? ¿Cómo sería el hogar perfecto? ¿Crees que Dios quiere que tú vivas en su casa?

NOTAS

31: RUT

LIBRO DE RUT

MARA SIGNIFICA AMARGA

El libro de Rut comienza, de hecho, con una mujer llamada Noemí que se trasladó de Judá a Moab, en el este, con su esposo y sus dos hijos. Con los años, su marido y ambos hijos murieron. Destituta, Noemí volvió a Judá sin nada, excepto una nuera fiel llamada Rut que se negó a irse de su lado.

Noemí era judía por su fe, una vieja viuda por su estado civil, y amargada por sus pérdidas. Rut no era judía por su fe, una joven viuda sin futuro y una chica con un suave corazón cariñoso. Ellas no podrían haber sido más diferentes. Las pérdidas de Noemí la hicieron amargada, ella cambió su nombre a Mara porque "en grande amargura me ha puesto el Todopoderoso". (Rut 1:20). Rut también había sufrido una pérdida – – la pérdida de su esposo, su hogar y su familia. Pero ella no sentía amargura ninguna.

Noemí en su dolor decidió que Dios había "levantado el puño contra" ella. Pero Rut decidió abrazar al Dios de Israel. La amargura de Noemí la hizo encerrarse en sí misma, alejarse de la gente y alejarse de su Dios. Por estar libre de amargura Rut podía buscar y amar.

¿Podemos culpar a Noemí de su amargura? No es fácil superar una tragedia. También nosotros podríamos convertirnos en Mara si estuviésemos en sus circunstancias. Sin embargo, Rut mostró que hay otro camino. Ella muestra un sentido de esperanza, como si ella supiese que era un hecho que en el futuro un Redentor vendría y restauraría lo que había perdido. Y Él llegó, un hombre, Booz, quien adquirió las tierras perdidas, se casó con Rut y creó una familia para ella y para Noemí.

La condición de Mara sigue siendo un problema grave en la gente de fe de hoy. El dolor es útil y necesario, pero Mara (el acto de hacerse amargado) es una identidad permanente y elegida de ser víctima y esa identidad erosiona la vida y la vivacidad. La amargura es ese sentido de injusticia que se encuentra en ebullición y que viene de los actos que otros han hecho en contra nuestra y es una cólera que nos hace echarle la culpa a alguien – – a una persona o al Todopoderoso – – y que hace que nuestras vidas sean miserables. Es un problema galopante, un estado en el que nos enfocamos en el pasado centrándonos en nuestra propia desventaja. Sentimos que se han aprovechado de nosotros, así que vivimos amargados, sin darnos cuenta de que la amargura en nosotros puede ser la causa de nuestras enfermedades físicas y nuestra depresión emocional.

Dios siempre había planificado restaurar a Noemí, pero ella no podía ver más allá de su amargura. La amargura bloquea nuestra vista espiritual y nuestra capacidad de amar, de dar y de cumplir nuestro propósito. Sé directo contigo mismo. Pregúntate: ¿Estoy aferrado a la amargura? ¿Estoy enojado con alguien por algo del pasado? ¿Estoy enojado con Dios por mi condición?

El dejar ir el pasado no es fácil. Pero, vivir en el pasado nos roba el presente y el futuro que Dios desea darnos. Rut decidió no llevar el peso de una identidad de Mara, y se convirtió en una gran heroína porque ella era libre para amar y recibir amor.

COMPARTE LA HISTORIA

Rut 1:16 "Respondió Rut: No me ruegues que te deje, y me aparte de ti; porque a dondequiera que tú fueres, iré yo, y dondequiera que vivieres, viviré. Tu pueblo será mi pueblo, y tu Dios mi Dios."

COMIENZOS AMARGOS: Elimalech y Noemí salieron de su casa en Judá en tiempos de hambre y se trasladaron al país de Moab con sus hijos. Poco después, murió Elimalech. Los hijos se casaron con esposas moabitas, pero murieron también. Noemí se quedó con sus nueras, Rut y Orfa. Noemí decidió volver a Judá después de que la hambruna había terminado. Orfa regresó a su casa para encontrar un marido. Pero Rut se fue a Judá con Noemí que se había convertido en una amargada.

Pregunta: ¿Has sido amargado con Dios? ¿O hacia los demás cuando las cosas no van bien?

BONDAD: En Judá, los propietarios dejaron las esquinas de sus campos de grano sin cosechar para que los pobres pudieran conseguir alimentos. Rut recogió en el campo de Booz, quién era pariente del muerto Elimalech. Booz mostró a Rut una bondad especial y le dio toda la comida que necesitaba.

Preguntas: ¿Alguna vez un desconocido te ha mostrado una bondad inesperada? ¿O tú a un extraño?

EL PLAN: Cuando terminó la temporada de cosecha, Noemí pensó un plan para garantizar un futuro seguro y un marido para Rut. Ella le dijo a Rut que buscase a Booz dónde dormía y descubriera sus pies y se acostara allí, esta era una acción considerada como una solicitud de matrimonio. Rut fue donde Booz e hizo lo que le dijo Noemí. Booz se sorprendió al encontrar a una mujer a los pies de su cama, especialmente cuando Rut le pidió que la cubriese con la esquina de su manto, pidiéndole esencialmente a Booz que la redimiese. Él prometió hacer lo que ella le pedía, pero había otro pariente más cercano que tendría el derecho prioritario de redimirla.

Pregunta: ¿Alguna situación en tu vida que parecía horrible terminó siendo para bien?

REDENCIÓN Y FINALIDAD: Al día siguiente, Booz fue a la puerta de la ciudad, que servía como el Tribunal de justicia local y habló con el pariente que tenía el primer derecho de ser el "Redentor". El pariente se negó a serlo, pasándole el derecho a Booz y dándole a Booz su sandalia como un signo de acuerdo. Booz redimió la tierra de Elimalech, se casó con Rut y restauró la vida de Noemí. Ruth y Booz tuvieron un hijo llamado Obed, que fue el padre de Jesse, que era el padre de David. Jesús, el último Redentor de la humanidad, nació de la familia de David.

Pregunta: ¿Crees que Dios puede redimir y restaurar cualquier situación en tu vida?

Gálatas 4:4-5 Pero cuando vino el cumplimiento del tiempo, Dios envió a su Hijo, nacido de mujer y nacido bajo la ley, para que redimiese a los que estaban bajo la ley, a fin de que recibiésemos la adopción de hijos.

NOTAS

32: DECLARANDO AL REY

SAN MATEO 16:13-23

SOBRE LA ROCA DE ADORACIÓN

Los judíos tradicionalmente identifican a un individuo en relación con el padre. Simón Pedro fue llamado Simón bar Jonás, porque bar, la palabra aramea para el hijo, indica el hijo de Jonás. El padre de Simón, llamado Jonás o Juan, era pescador que pasó su nombre y su oficio a su hijo. Lo que perteneció al padre pertenecía al hijo. Simón fue quien fue por su padre. Aparte de ser hijo de un pescador, Simón también fue un líder entre los discípulos y el primero en reconocer la verdadera identidad de Jesús.

Los doce estaban con Jesús en Cesárea de Filipo cuando Jesús les preguntó lo qué estaban diciendo acerca de él. Los discípulos respondieron que decían que él era Elías, Jeremías u otro profeta. Jesús hizo la pregunta a los discípulos: "Y vosotros, ¿quién decís que soy yo?" (San Mateo 16:15)

En respuesta, Simón proclamó con denuedo lo que el Espíritu Santo le había revelado a él: "Tú eres el Cristo, el Hijo del Dios viviente". (San Mateo 16:16) Jesús afirmó su respuesta, llamando a Simón por su nombre, Simón bar Jonás. El hijo de Jonás había identificado correctamente al hijo de Dios.

Los fariseos se negaron a reconocer a Jesús como algo más que el hijo de José, el carpintero. La multitud dudó en elevarlo más allá de decir que era un simple profeta, nacido de padres terrenales. Pero Simón no tuvo miedo de declarar que Jesús provenía de un linaje mayor – – de una herencia mayor. Jesús era el único hijo de Dios. Y lo que pertenece al padre pertenece al hijo. Con una declaración, Simón proclama que Jesús es digno de todo el honor, la alabanza y la gloria que pertenecen al Padre.

La declaración de Simón Pedro acerca de Jesús: tú eres el Mesías, el hijo del Dios viviente, esto es alabanza.

Porque el pescador de humilde linaje sin miedo adoró a Jesús, recibió el honor de un nuevo nombre: Cefas, o Pedro, que significa piedra. Jesús es la piedra angular, y todos aquellos que hacen la misma confesión que hizo Pedro, "en quien vosotros también sois juntamente edificados para morada de Dios en el Espíritu". (Efesios 2:22). Jesús reconoció que una fe como la de Pedro sería el fundamento de su Iglesia.

Si nos unimos a Pedro, Simón bar Jonás, audaz, intrépido elogio a Jesús, nos encontraremos firmes de pie en la fe.

Por lo tanto, según tú, ¿quién es Jesús? Sea tu repuesta una adoración.

COMPARTE LA HISTORIA

San Mateo 16:19 Y a ti te daré las llaves del reino de los cielos; y todo lo que atares en la tierra será atado en los cielos; y todo lo que desatares en la tierra será desatado en los cielos.

¿QUIÉN DICEN LOS HOMBRES QUE SOY?: En el extremo norte de Israel, teniendo un sitio de culto pagano cerca, Jesús preguntó a sus discípulos quién dice la gente que era Él. Los discípulos respondieron que decían que era Juan el Bautista (devuelto de los muertos), Elías (que nunca murió), Jeremías o uno de los otros profetas. La multitud creía que Jesús venía a anunciar al Mesías y el final de los tiempos, pero no aceptaban que Él realmente era el Mesías.

Preguntas: ¿Quién dicen las personas que eres tú? ¿La opinión popular coincide con quién tú crees ser? ¿La gente te ha puesto etiquetas?

LA GRAN CONFESIÓN: Después de que los discípulos compartieron la opinión popular, Jesús preguntó, "¿quién decís que soy yo?" Pedro habló y dijo: "Eres el Cristo, el hijo del Dios viviente" (Mateo 16:16). Jesús le dijo a Pedro que su respuesta era una revelación del Espíritu Santo y que había sido bendecido por haberla recibido.

Preguntas: ¿Quién dices que es Jesús? ¿Es el hijo del Dios viviente? ¿Crees que Él declaró ser el hijo de Dios – – de ser así, tenía razón, mentía o estaba loco?

SOBRE ESTA PIEDRA: Entonces Jesús dijo a Pedro: "tú eres Pedro y sobre esta roca edificaré mi iglesia." Además, Jesús afirmó que las puertas del Hades (muerte) no prevalecerían contra la Iglesia y dio la autoridad del Reino (las llaves) a Pedro, diciendo: "lo que ates en la tierra será atado en los cielos, y lo que desates en la tierra será desatado en los cielos. Con esta declaración, Jesús dio poder celestial a sus seguidores.

Preguntas: ¿Cómo defines a "la iglesia"? ¿Qué crees que son las "llaves del Reino"?

QUÍTATE DE DELANTE DE MÍ SATANÁS: Jesús advirtió a los discípulos de no decirle a nadie que él era el Mesías, porque no era el momento correcto. Él reveló que Él iría a Jerusalén, y allí sufriría, sería juzgado y ejecutado y luego se levantaría de entre los muertos. Pedro lo reprendió y dijo que estas cosas no le iban a suceder. Pero Jesús respondió: "¡Quítate de delante de mí, Satanás!" (San Mateo 16:23) Fue voluntad de Dios que Jesús, fuese sacrificado por nuestros pecados; Las palabras de Pedro se oponían a la voluntad de Dios.

Preguntas: ¿Crees que Jesús sabía de antemano que lo matarían? ¿Tiendes a dejar escapar tus opiniones o piensas antes de hablar? ¿Te metes siempre en problemas por algo que dijiste?

NOTAS

33: SAÚL

1 SAMUEL 15

LA TOMA DE DECISIONES DE TAMAÑO DE REY

Como primer rey de Israel, Saúl no era un buen prototipo. Parecía bueno, pero cuando se trataba de ser un líder y de cumplir el propósito que Dios le había dado, fracasó miserablemente.

La trayectoria de Saúl no había sido buena durante mucho tiempo, pero su fracaso final vino cuando recibió instrucciones claras para eliminar a todos los amalecitas y a sus animales. El hecho es — que Saúl simplemente no hizo el trabajo. Según las Escrituras perdonó la vida del rey y de algunos animales — aquellos que "les gustaron" a él y a sus hombres.

Lo extraño es que aunque las instrucciones venían de Dios, a través del profeta Samuel, Saúl no se dio cuenta de que estaba equivocado. Incluso negó y justificó sus acciones. Cuando se le señaló su grave desobediencia, se arrepintió inmediatamente. Pero ya era demasiado tarde. Saúl ya no podía ser rey.

Tendemos a temblar ante el peso de una decisión. Una mala jugada puede significar que enfrentemos consecuencias dolorosas durante mucho tiempo. Queremos seguir la voluntad de Dios, especialmente cuando Dios nos envía una clara señal o incluso a un Samuel para que hable con nosotros. Pero, ¿qué hacemos cuando la voluntad de Dios parece totalmente oscura sobre un tema? Algunos tememos alejarnos de la voluntad de Dios, desobedecerle y perderle. ¿Si Saúl era tan torpe, y su decisión le hizo perder el trono, no estamos en peligro de tener gran pérdida también?

Nos enfrentamos a decisiones significativas frente a esta tensión. Tememos que terminaremos como Saúl, con relaciones rotas, alejados de Dios, miserables. ¿Es este el riesgo que corremos? Tal vez. Pero hay una diferencia. Si estamos buscando activamente la voluntad de Dios, orando, pidiendo, buscando, ya hemos superado a Saúl. A Saúl sólo le importó la voluntad de Dios después de los hechos de desobediencia, cuando vinieron las consecuencias. El verdadero asunto en una coyuntura decisiva es tomar en cuenta a tu corazón. El corazón de Saúl estaba centrado en sí mismo (de ahí el monumento que creó en su honor). Un corazón dirigido a Dios, incluso ante una decisión importante, corre mucho menos riesgo que un corazón cerrado a cualquier dirección divina. Cuando pensamos que no necesitamos Su ayuda, estamos en problemas.

No siempre tomamos las mejores decisiones, sobre todo en aquellos tiempos que Dios no ha dejado en claro instrucciones específicas. El riesgo real está en tomar una decisión demasiado precipitada (como Saúl, haciendo lo que nos atrae en las primeras de cambio) o caer en la indecisión (congelarnos y no hacer nada).

Si sabes que Dios te ha dado instrucciones específicas, obedécelas. No, Dios no se dará por vencido contigo si desobedeces, pero muy bien podrías pasar por alto un regalo u oportunidad que Dios quiere darte. Si no hay un Samuel para ayudarle y has buscado la voluntad de Dios sin instrucciones divinas, tal vez sea momento de avanzar. En lugar de congelarte y no hacer nada, toma la mejor decisión que puedas y confía en el plan de Dios.

COMPARTE LA HISTORIA

1 Samuel 15:22 "Y Samuel dijo: ¿Se complace Jehová tanto en los holocaustos y víctimas, como en que se obedezca a las palabras de Jehová? Ciertamente el obedecer es mejor que los sacrificios, y el prestar atención que la grosura de los carneros".

PRIMER REY DE ISRAEL: La nación de Israel se había corrompido, y sus líderes (jueces y sacerdotes) no estaban siguiendo a Dios. El pueblo pedía un rey, como lo hicieron las otras naciones a su alrededor. Aunque el profeta Samuel reconoció que la gente, con su solicitud, estaba rechazando a Dios como rey, Dios le dio instrucciones para que les concediese esa petición de todos modos. Samuel designó a un hombre, de la tribu Benjamín, llamado Saúl que era alto, fuerte, guapo y un guerrero exitoso. Se le dio a la gente lo que quería.

Preguntas: ¿Crees que alguien puede acabar con la corrupción en América? ¿Si es así, quién?

DESTRUCCIÓN DE LOS AMALECITAS: Como rey, Saúl fue a la guerra contra todos los enemigos de Israel, y tuvo gran éxito. Dios dirigió al profeta Samuel hacia Saúl para que combatiese y erradicase completamente a los amalecitas – – hombres, mujeres, niños y animales. Esto cumpliría una promesa, que los amalecitas serían arrasados porque habían ido contra Israel en el momento del éxodo. Saúl llevó 210.000 hombres para destruirlos, pero perdonaron al rey Agag y el mejor ganado. Derrotaron a los amalecitas, pero no completaron el trabajo.

Preguntas: ¿Dejarías un trabajo a medias? ¿Sigues las reglas o eres más propenso a desobedecer?

¿OBEDIENCIA O SACRIFICIO?: Aunque Saúl había desobedecido directamente el mandato de Dios al no destruir a todas las personas y el ganado, él defendió sus acciones afirmando que no se mató al ganado para sacrificarlo a Dios. Samuel respondió que Dios preferiría que Saúl hubiese obedecido sus instrucciones a que le presentase sacrificios.

Preguntas: ¿Alguna vez te atraparon por no hacer algo que dijiste que harías? ¿Tiendes a negar que hiciste algo mal?, o ¿confiesas tus errores?

DIOS RECHAZA A SAÚL: Samuel ayudó a Saúl a darse cuenta de su desobediencia, pero ya era demasiado tarde. Dios rechazó a Saúl como rey. Cuando Samuel se iba, Saúl se acercó y rasgó su manto, diciendo: "Jehová ha rasgado hoy de ti el reino de Israel, y lo ha dado a un prójimo tuyo mejor que tú." (1 Samuel 15:28). Samuel tuvo que terminar el trabajo que Saúl había comenzado — dio muerte al rey Agag.

Preguntas: ¿Alguna vez te han despedido o degradado? ¿Cómo lo manejaste?

Proverbios 16:18 "Antes del quebrantamiento es la soberbia, y antes de la caída la altivez de espíritu".

NOTAS

34: CIELO O INFIERNO

LUCAS 16:19-31

JUSTICIA DIVINA

Los fariseos regularmente venían con la multitud para oír a Jesús enseñar. En una ocasión, Jesús había contado una historia sobre el dinero. Como respuesta, los fariseos se burlaron de su enseñanza de que es imposible servir a Dios y al dinero al mismo tiempo.

El amor de los fariseos por el dinero – – y su desdén por el pobre – – quedó a la vista cuando Jesús siguió con otra parábola: la historia del hombre rico y Lázaro. Jesús contó acerca de un hombre rico que vivía en el lujo y un hombre pobre llamado Lázaro que estaba enfermo, cubierto de llagas y mendigaba a la puerta del hombre rico. El hombre rico nunca compartió su riqueza o alimentos con Lázaro. De hecho, ni siquiera pensó en Lázaro. Tras la muerte de ambos hombres, encontraron que las cosas habían cambiado. Lázaro fue llevado por Ángeles al lado de Abraham y recibió comodidad, mientras que el hombre rico estaba atormentado en el fuego del Hades.

Los fariseos vivían como hombres ricos, disfrutando de la paz y la abundancia mientras ignoraban a los pobres entre ellos. Jesús no podía haberles dado a ellos y a todas las personas una advertencia más clara de lo que les esperaba al final: la divina justicia.

Dios siempre ha prometido que se hará justicia al final. Eso significa que transgresores de esta vida, en última instancia, encontraran vergüenza y destrucción, mientras que las víctimas y los sufridos conseguirían abundancia en la eternidad. Jesús no se alejó de esta enseñanza del Antiguo Testamento. De hecho, enseñó que lo que uno hace por los menos afortunados, los pobres, los enfermos y los encarcelados – – es lo mismo que uno hace por Jesús. El explotar a una persona más débil es una ofensa personal a Jesús y será recordado en el día del juicio.

A veces, puede ser casi insoportable ver cómo hay personas explotadas y oprimidas en el mundo. Nosotros, como el profeta Habacuc, del Antiguo Testamento tendemos a preguntarnos por qué no hay justicia, y por qué se permite tal crueldad a los ojos de Dios. Nos preguntamos por qué las peores cosas caen sobre los inocentes. Pero Jesús nos asegura que la justicia funcionará en la eternidad.

Lo que el hombre rico en la historia entendió, sólo después de haber muerto y recibido sentencia, fue que el arrepentimiento es la clave. Rogó a Abraham que enviase a Lázaro a su familia – – para advertirles que se arrepintieran. Su deseo no le fue concedido, porque ya sabían lo suficiente como para tomar su propia decisión. El arrepentimiento es el puente que cruza desde el lado de la justicia hasta el lado de la misericordia. Pero un corazón endurecido continúa por el camino del juicio. Cada persona tiene que tomar su propia decisión de si se arrepienten o no.

No debemos acusar a Dios de ser injusto por su forma de justicia. "¿Qué, pues, diremos? ¿Qué hay injusticia en Dios? En ninguna manera" (Romanos 9:14). Todos tenemos una elección sobre la eternidad. La justicia y la misericordia no se distribuyen al azar. Decidimos cruzar el puente del justo castigo de Dios a la eterna misericordia por medio del arrepentimiento. Al descubrir nuestra dureza de corazón y apartarnos de ella, Jesús cubre nuestros pecados con su sangre.

COMPARTE LA HISTORIA

San Lucas 16:31 Mas Abraham le dijo: Si no oyen a Moisés y a los profetas, tampoco se persuadirán aunque alguno se levantare de los muertos.

EL HOMBRE RICO Y LÁZARO: Los fariseos se burlaron de las enseñanzas de Jesús, "No podéis servir a Dios y al dinero". Así, Jesús contó una parábola acerca de un hombre rico que vivió una vida de riqueza, y un mendigo llamado Lázaro, que mendigaba por comida a la puerta del hombre rico. El hombre rico no hizo caso al mendigo, que estaba cubierto de llagas que lamían los perros callejeros. Jesús utilizó la historia para comparar a los fariseos con el hombre rico, que no prestaban atención a los pobres y enfermos.

Preguntas: ¿Crees que es posible dedicar tu vida al dinero y a Dios? ¿Prestas atención a los mendigos que ves en las calles?

DESPUÉS DE LA MUERTE: En la historia de Jesús, Lázaro y el hombre rico murieron. Lázaro fue llevado al lado de Abraham, mientras que el hombre rico fue al Hades (el Reino de los muertos que a menudo se traduce como infierno en muchas de nuestras Biblias). Lázaro se encontraba en un lugar de confort y descanso, mientras que el hombre rico estaba en agonía.

Preguntas: ¿Crees que hay vida después de la muerte?

EL ABISMO: El hombre rico vio a Lázaro y a Abraham a lo lejos y clamó a Abraham, pidiéndole que enviase a Lázaro a traerle una gota de agua. Las circunstancias habían cambiado para ambos hombres. Mientras que Lázaro antes pedía a la puerta del rico, ahora el hombre rico se había convertido en el mendigo fuera de la puerta. Abraham dijo al rico que ya había recibido bien en su vida, pero Lázaro, que recibió mal en su vida, ahora recibiría confort. Y el abismo entre ellos no podía cruzarse.

Preguntas: ¿Crees que hay una oportunidad de arrepentirse después de haber muerto, o estará sellado tu destino? ¿Crees que tus decisiones en esta vida se reflejarán en el más allá?

AVISAR A MI FAMILIA: El hombre rico le rogó a Abraham que enviase a Lázaro a advertirle a sus hermanos para que pudiesen evitar su agonía en el más allá. Abraham dijo que sus hermanos ya tenían a Moisés y a los profetas para advertirles, y aunque alguien viniese a ellos de entre los muertos, ellos no creerían. Esta conmovedora parábola apuntaba a la incredulidad de los fariseos que esperaban ser recompensados en la eternidad, pero se negaban a creer la palabra de Dios a través de Jesús.

Preguntas: ¿Sabes qué la Biblia enseña acerca del castigo eterno y de la recompensa eterna? ¿Alguna vez tú y tu familia han sido "advertido" de algo? ¿Sabías que hay una manera para asegurarte de que te salvarás del castigo eterno?

San Lucas 6:24 Mas ¡ay de vosotros, ricos! porque ya tenéis vuestro consuelo.

NOTAS

35: DAVID

2 SAMUEL 6 Y 7

MICAL, ESPOSA DE DAVID, HIJA DE SAÚL

La historia de David es un clásico de la Biblia, desde su inicio en un pasto para ovejas hasta su legado como el rey más admirado de Israel. Es famoso por su batalla contra Goliat, su enfrentamiento con el rey Saúl y su pecado con Betsabé.

Pero menos conocida es la historia que se desarrolló entre David y su primera esposa, Mical, hija del rey Saúl. Saúl estaba celoso del éxito del joven guerrero y utilizó a Mical como cebo para matar a David. Arregló para que David y Mical se casasen, pero exigió una dote peligrosa: los prepucios de cien filisteos. Saúl esperaba que David sacrificase a los filisteos, pero su plan falló por varias razones: David no murió, él derrotó a los filisteos y ganó el amor de Mical, quién a su vez, lo protegió de su padre.

Pero la historia de amor de David y Mical fue sacudida cuando David tuvo que huir, de Saúl, por su vida. Dejó a Mical atrás, durante su viaje, se casó con otras mujeres. Asimismo, Mical, fue dada a otro hombre en matrimonio. Cuando murió Saúl, David regresó a Jerusalén para ser ungido como rey y exigió a Mical como su esposa. Su marido, Palti, estaba afligido.

David alcanzó el punto culminante de su vida en este momento. Estableció su reino y trajo la presencia del arca de Dios a Jerusalén. Cuando el arca entró en la ciudad, David bailó en las calles, salvaje y libremente, vistiendo una prenda sacerdotal mínima. En su momento de alegría, Mical vio a David desde una ventana, y ella "lo despreciaba en su corazón" (2 Samuel 6:16).

La liberación de la genuina alegría de David provocó la liberación de los verdaderos celos de Mical. El amor que hubo entre Mical y David ya no existía. Su marido la había decepcionado – – tal vez porque él había derrotado a su padre, o porque tenía otras mujeres, o porque él la separó de Palti, un hombre que la amaba, y ahora él bailaba descuidadamente en el mundo. En esta relación, él era el libre. El pasaje se refiere a "Mical, hija de Saúl" tres veces, atándola a la memoria de su padre. Mical había heredado los celos incontrolables que finalmente llevaron a su padre hasta su muerte.

Los ojos de Mical se fijaron en David con odio, y ella era miserable. David por otra parte, tenía sus ojos fijos en Dios, y estaba extasiado.

¿Somos como Mical, que se fijaba en el origen de su dolor? ¿Los celos y el odio contra otra persona te impiden adorar a Jehová? ¿Sobre quién fijas tus ojos?

La triste historia de Mical nos obliga a examinar nuestros corazones para ver cualquier rasgo de la identidad: "hija de Saúl"—la marca de una enfermedad fatal de celos y odio. "El corazón apacible es vida de la carne; mas la envidia es carcoma de los huesos". (Proverbios 14:30). Puede que necesitemos buscar a Dios y dejar de mirar nuestros asientos del juicio. Entonces, seremos libres para bailar.

COMPARTE LA HISTORIA

2 Samuel 7:22 "Por tanto, tú te has engrandecido, Jehová Dios; por cuanto no hay como tú, ni hay Dios fuera de ti, conforme a todo lo que hemos oído con nuestros oídos".

EL REY DAVID: Durante el reinado del rey Saúl, Samuel ungió al joven David como el próximo rey. David enfrentó y mató a Goliat, con sólo una honda como arma y pasó a ser un guerrero amado. Celoso de David, Saúl trató de matarlo. Cuando murió Saúl, David se convirtió en rey.

Preguntas: ¿Siempre sientes que alguien te está persiguiendo?

EL ARCA: David trasladó la capital del país a Jerusalén. En el primer intento de traer el Arca de la Alianza (el lugar donde habitaba la presencia de Dios), Uza, un hombre que transportaba el arca, extendió su mano para estabilizarla. Porque tocó el arca, la ira de Dios mató a Uza. David dejó el arca en Obed-Edom, y la ciudad quedó bendita, así que David trató otra vez de traer el arca a Jerusalén. Todo el pueblo gritó de alegría y alabó a Dios cuando el arca entró en la ciudad. David bailó delante del arca "con todas sus fuerzas".

Preguntas: ¿Alguna vez has bailado con todas tus fuerzas? ¿O as adorado a Dios con todo tu poder?

MICAL: La esposa de David le vio danzar y adorar a Dios delante del arca y lo despreció. Mical fue la primera de varias esposas de David, y ella era la hija de Saúl. Ella había amado una vez a David, pero su corazón se había puesto celoso – – posiblemente porque David substituyó a su padre como rey, debido a sus otras esposas, o porque ella no compartía el honor y la alegría de David por la presencia de Dios. Mical dijo a David cuan indigno se veía. David dijo que él sería más indigno aun en su adoración. Después de esta pelea, Mical nunca quedó embarazada.

Pregunta: ¿Estarías dispuesto a avergonzarte a ti mismo frente a un grupo de personas por bailar, cantar o adorar a Dios? ¿Alguna vez los celos te han separado de alguien?

UNA CASA PARA DAVID: David quería construir un templo para albergar el arca, pero Dios quería construir una casa para David, prometiéndole a David una dinastía o "casa" que nunca terminaría. Esta casa es el Reino de Jesús, el Mesías, que vendría a través de la línea de la familia de David. Salomón. El hijo de David, finalmente construyó el templo físico de Dios.

Preguntas: ¿Crees que Dios habita en templos construidos por manos humanas? ¿Necesita Él un templo? ¿Cómo te sentirías si Dios te dijese que está construyendo una casa para ti?

Hechos 17:24-25 El Dios que hizo el mundo y todas las cosas que en él hay, siendo Señor del cielo y de la tierra, no habita en templos hechos por manos humanas, ni es honrado por manos de hombres, como si necesitase de algo; pues él es quien da a todos vida y aliento y todas las cosas.

NOTAS

36: LAVANDO LOS PIES

SAN JUAN 13:1-17

DEVUELVE EL ATAQUE O INCLÍNATE

Aprendimos a través de la parábola del hombre rico y Lázaro que Dios es justo y castigará a crueldad humana algún día. Nuestra garantía de la justicia divina en la eternidad puede consolarnos en los momentos que vemos que los impíos prosperan, pero no necesariamente nos da un plan de cómo vivir con lo poco que tenemos y a veces, grandes injusticias nos asechan.

Jesús nos mostró perfectamente como Sus últimas horas, incluso antes de ser traicionado y crucificado, estuvieron sazonadas con la gracia en medio de la injusticia. Era tiempo de celebrar la fiesta de Pascua y la última vez para Jesús estar con Sus discípulos antes de que Él sufriese y ellos se dispersasen. El tiempo era un lujo. Era su última oportunidad para decirles adiós. Sin embargo, Él hizo de anfitrión. Fue un momento de intimidad con sus amigos más queridos. Sin embargo, invitó a su traidor.

En un banquete como ese, un siervo debería haber lavado los pies de los invitados. Pero ninguno estaba presente y nadie pensó en esa servil tarea — hasta que Jesús tomó el cuenco de agua y la toalla y comenzó a lavar los pies de todos. Incluso los pies de Judas.

Jesús siempre supo que Judas le traicionaría, pero Él nunca acusó a Judas. Judas parecía ser un discípulo honrado – – perfectamente religioso. Judas ya había traicionado a Jesús por treinta piezas de plata. Jesús lo sabía, y lavó los pies de Judas de todos modos.

La injusticia era amarga y flagrante a Jesús, pero su respuesta fue: voy a derramar amor sobre ti a pesar de tu corazón hostil hacia mí, Jesús se humilla a sí mismo — al inclinarse ante su traidor y limpiar sus sucios pies. Amaba a su enemigo con el mismo amor que mostraba a sus verdaderos amigos. No había ataque, ni sarcasmo ni rabia.

Imagina ser el lavador de pies, que es bastante malo, pero serlo del amante de tu cónyuge o de un abusador de niños o de un amigo traidor. Humillándote. No lo haríamos nunca. Tenemos nuestra dignidad.

Habrá momentos en nuestras vidas cuando tendremos dos opciones: devolver el ataque al delincuente o a inclinarse y lavar sus pies. Jesús sabía que el único método eficaz para luchar contra el mal era con el bien, mostrando más amor, porque el delincuente ya tenía la vergüenza y el castigo. Judas no necesitaba el castigo de Jesús porque su propia vergüenza finalmente sería suficiente castigo para hacerle tomar su propia vida.

No estamos llamados a ser mejores amigos de los traidores (Pablo dijo que nos alejásemos de la gente como esta). Pero en un mundo injusto, vamos a tener que estar en la presencia de algún traidor. Tendremos dos opciones: atacarles o inclinarnos. Si elegimos lavar los pies del enemigo, mantendremos nuestra dignidad como hijos de Dios, y ellos mantendrán su propia vergüenza.

Así que, si tu enemigo tuviere hambre, dale de comer; si tuviere sed, dale de beber; pues haciendo esto, ascuas de fuego amontonarás sobre su cabeza. (Rom. 12:20)

COMPARTE LA HISTORIA

San Juan 13:14-15 Pues si yo, el Señor y el Maestro, he lavado vuestros pies, vosotros también debéis lavaros los pies los unos a los otros. Porque ejemplo os he dado, para que como yo os he hecho, vosotros también hagáis.

UNA IMAGEN DE AMOR: Como la crucifixión de Jesús se acercaba, reunió a sus discípulos para la fiesta de Pascua. Amaba a estos hombres perfectamente y demostró este amor con el acto de lavar sus pies, una tarea que debería haber sido hecha por el menor de los criados en un hogar. Jesús dejó su lugar a la mesa, quitó su prenda exterior y se envolvió una toalla alrededor de sí mismo. Tomó un recipiente con agua, se inclinó y comenzó a lavar los pies de los discípulos y a secarlos con la toalla que tenía alrededor de su cintura.

Pregunta: ¿Alguna vez alguien te ha amado perfectamente o totalmente? ¿Por qué crees que Jesús lavó los pies de sus discípulos? ¿Hay ciertos trabajos sucios que nunca harías?

LIMPIAR: Cuando Pedro se negó a dejar que su Señor lavase sus pies. Jesús le respondió que si Pedro no se lo permitía, no tendría su sitio en el Reino de Jesús. Pedro le dijo a Jesús que lavara no sólo sus pies sino sus manos y su cabeza también. Jesús explicó que Pedro ya estaba limpio, y que sólo sus pies necesitaban ser lavados. Porque los discípulos habían recibido la palabra de Jesús, estaban limpios, pero debían lavar sus pies. Algunos piensan que esto significa que los creyentes debemos ir continuamente a Jesús para que Él nos limpie de la suciedad de los pecados diarios. Otros creen que el ser lavado se refería a recibir la sangre que Jesús derramaría el día siguiente por el perdón de los pecados.

Preguntas: ¿Crees que tu corazón está limpio? ¿Qué significa que Jesús te lave?

ENEMIGOS DE SU AMOR: Mientras que Jesús lavaba los pies de los discípulos, era consciente de que uno de ellos (Judas) pronto le entregaría a las autoridades. Pero Jesús lavó los pies de Judas como todos los demás. Ofreció su amor a su traidor y le mostró la misma bondad. Esta es una imagen de lo que significa amar a nuestros enemigos y bendecir a quien nos maldice.

Preguntas: ¿Quién te ha traicionado? ¿Tratas a los que te odian como a los que te aman?

HACER LO MISMO: Al acabar Jesús el lavado de los pies de todos, les dijo, porque Él era su maestro y Señor, debían seguir su ejemplo y serían bendecidos si lo hicieran.
Los seguidores de Jesús están llamados a lavar los pies de los demás, sirviéndoles tan bien como "lavar" sus pecados a través del perdón.

Preguntas: ¿Has experimentado ser siervo de otra persona? ¿Cómo "lavas pies" en tu vida? ¿Alguna vez has perdonado a alguien de una gran injusticia cometida en tu contra?

San Marcos 10:45 Porque el Hijo del Hombre no vino para ser servido, sino para servir, y para dar su vida en rescate por muchos.

NOTAS

37: SALOMÓN

2 CRONICAS 3-7

EL LEGADO DE UN REY ESPLÉNDIDO

El legado de Salomón aparece como una memoria enjoyada de un rey espléndido — un rey casi ahogándose en los logros, riquezas y placeres de su vida. Su reinado estuvo marcado por la riqueza sin fin, proyectos de construcción elaborados, incluyendo el templo de Dios, muchas mujeres y su influencia internacional. Más tarde Jesús mismo, sin hacer declaración alguna sobre la riqueza de Salomón y el estatus, mencionaría a Salomón como el hombre mejor vestido de la Biblia (aunque es cierto que los lirios del campo se visten mejor). Salomón, desde la perspectiva del mundo estaba sentado en un trono inalcanzable de la facilidad y felicidad.

¿Pero fue Salomón la persona más feliz del mundo? ¿Y era toda esta ganancia mundana lo que él realmente quería?

La primera pregunta es difícil de contestar. ¿Cómo puede medirse la felicidad? Pero como un prolífico escritor, además de escribir los proverbios, cantar de los Cantares y un par de los Salmos, Salomón fue el autor de un libro bastante oscuro, Eclesiastés. Es el libro de la biblia con la línea, "¡vanidad de vanidades! Todo es vanidad". A pesar de su buena fortuna en el mundo, parece tener un lado infeliz. Él escribió: "Porque en la mucha sabiduría hay mucha molestia; y quien añade ciencia, añade dolor. (Eclesiastés 1:18). Al parecer Salomón no era tan dichoso como se esperaría que fuese.

En cuanto a la cuestión de lo que realmente quería de la vida, tenemos que volver a sus primeros años como rey, cuando Dios le dijo a él, "pide lo que quieras que te dé". Salomón podría haber pedido cualquier número de placeres mundanos, pero en lugar de ello pidió sabiduría. Y Dios le dio sabiduría, junto con los placeres mundanos, que él no estaba buscando.

Salomón terminó el templo y se lo dedició al Señor, él reveló su sabiduría dada por Dios en oración. Una vez más, él estaba parado ante Dios y podía pedir cualquier cosa. Podría haber pedido que su nación siguiese adelante llena de facilidad y felicidad. En lugar de esto, él abogó para que cuando el pueblo pecase, Dios les perdonase, y que cuando la sequía y el hambre y el desastre llegasen a la tierra, Dios escuchase sus oraciones de arrepentimiento.

Era realista. Su sabiduría lo hacía ser así. Cuando oró, fue con una visión de mal, el pecado y las dificultades por venir, contra el que ningún placer o alegría terrenal podría protegerle. Era asombrosamente consciente del hecho de que Israel se rebelaría y caería en sus propias trampas pecaminosas. Su sabiduría le llevó a pedir el favor divino, no el favor terrenal.

La respuesta de Dios a este rey "lujoso" fue la herencia verdadera y las riquezas heredadas de Salomón: "si se humillare mi pueblo, sobre el cual mi nombre es invocado, y oraren, y buscaren mi rostro, y se convirtieren de sus malos caminos; entonces yo oiré desde los cielos, y perdonaré sus pecados, y sanaré su tierra". (2 Crónicas 7:14). Dios reveló su misericordia perdonando a Salomón, dándole lo único que no se podía comprar. Salomón fue lo suficientemente sabio como para saber que los "tesoros" de su vida eran vanidad, que el pecado ocurriría y que el desastre le golpearía y que el arrepentimiento era la clave para restaurar al pueblo. Su legado para nosotros no es el lujo, sino un grito quebrada de humildad y un grito en busca de misericordia.

COMPARTE LA HISTORIA

2 Crónicas 7:14 "Si se humillare mi pueblo, sobre el cual mi nombre es invocado, y oraren, y buscaren mi rostro, y se convirtieren de sus malos caminos; entonces yo oiré desde los cielos, y perdonaré sus pecados, y sanaré su tierra".

UN REY SABIO: Cuando David murió, después de cuarenta años de reinado en Israel, su hijo Salomón se convirtió en rey. Dios bendijo a Salomón y le hizo un rey fuerte. Una noche, Dios lo visitó en un sueño y le dijo: "Pide lo que quieras que te dé". Salomón pidió sabiduría y conocimiento, en lugar de riquezas y éxito. Dios le honró dándole todo.

Preguntas: Si Dios viniese a ti y dijese que podrías pedirle cualquier cosa, ¿qué pedirías? ¿Cómo obtienes sabiduría? ¿Adquirir sabiduría es importante para ti?

SALOMÓN CONSTRUYE EL TEMPLO: En el cuarto año de su reinado, Salomón comenzó a construir el templo que David quiso construir para el Señor. Fue un gran proyecto que tardó siete años en construirse con 153.000 trabajadores extranjeros y 30.000 obreros israelitas. La estructura fue hecha con piedra, la mejor madera de cedro y oro puro y fue construida para albergar el Arca de la Alianza, que previamente había viajado siempre con Israel en la tienda del tabernáculo.

Preguntas: ¿Qué tipo de edificación construirías para Dios?

SALOMÓN DEDICA ELTEMPLO: Cuando el proyecto terminó y el Arca de Dios estaba en su lugar, la nación entera de Israel se reunió en el templo. Ante la gente, Salomón alabó a Dios y entonces le pidió: mantener sus ojos en el templo y los oídos abiertos a las oraciones de la gente; para mantener Su pacto; y perdonar a la gente y salvarlos de la calamidad cuando pecasen; para que la justicia se hiciera realidad en el templo; y para que los extranjeros conociesen al Señor a través del templo.

Preguntas: ¿Le pides cosas específicas en oración? ¿Sientes que tus oraciones son respondidas?

LA RESPUESTA DE DIOS: Después de la oración de Salomón, cayó fuego del cielo y consumió los sacrificios, el pueblo cayó al suelo y adoró a Dios, y durante siete días, el pueblo celebró el templo de Dios. La gente salió de Jerusalén llena de alegría y celebró el evento anual con siete días de celebración de la fiesta de los Tabernáculos. Años más tarde, Dios le dijo a Salomón que Él había escuchado su oración y que mientras la gente orase y se arrepintiese cuando pecasen, Dios les escucharía, les perdonaría y sanaría su tierra.

Preguntas: ¿Qué significa el "arrepentimiento" para ti? ¿Tienes la seguridad de que Dios escucha tus oraciones?

Santiago 4:8a Acercaos a Dios, y él se acercará a vosotros.

NOTAS

38: LA ÚLTIMA CENA

SAN LUCAS 22:1-22

RECUERDO Y ANTICIPACIÓN

Después de que Jesús había lavado los pies de sus doce discípulos, empezó la fiesta de la Pascua, una tradición que había sido practicada desde la época de Moisés para recordar que Dios les liberó de Egipto. Esta historia de salvación era y es el corazón del judaísmo: los israelitas habían sido esclavos en Egipto bajo la pesada mano del Faraón y Dios intervino y los liberó.

Cada parte de la fiesta de Pascua era simbólica de la historia de salvación de Dios. Asaron y comieron un cordero sacrificial, recordando que cuando Dios envió la décima plaga a Egipto, la muerte de los primogénitos, perdonó a su pueblo que había pintado sus puertas con la sangre del cordero.

Además de cordero, la fiesta que celebró Jesús con sus discípulos incluyo vino y pan sin levadura. Los panes sin levadura eran simbólicos del pan del viaje del éxodo, porque no había tiempo para que el pan levantase. Cuatro tazas de vino suave se bebieron en la fiesta, que representaban las promesas de Dios de santificación, liberación, redención y esperanza.

Jesús tomó estos símbolos familiares y los transformó en una nueva historia de la salvación. Esa noche, Jesús tomó el pan, lo partió en trozos y dijo a sus discípulos, "tomad, comed; esto es mi cuerpo que por vosotros es partido; haced esto en memoria de mí. Y luego, después de la cena, levantó su copa de vino y dijo, "esta copa es el nuevo pacto en mi sangre; haced esto todas las veces que la bebiereis, en memoria de mí" (1 Corintios 11:24-25). Jesús les dio nueva y mayor importancia al hecho de que Dios haya librado su pueblo de la esclavitud humana, porque ahora les libraría de la ley del pecado y la muerte. Un cordero sacrificado había liberado a un pueblo esclavizado, pero el cuerpo de Cristo se les daría a todas las personas que fueron esclavizadas por la maldición del pecado.

Jesús desafió a sus discípulos para que siempre le recordasen a Él y el sacrificio que Él haría. Ellos no olvidarían la grandeza de Dios en el Éxodo, pero Jesús les ofrecía una liberación mayor, eterna. Jesús estaba creando un recuerdo, un símbolo duradero para todos los de su pueblo, para que recordasen Su fidelidad y suficiencia en el logro de su redención, mientras les señalaba una esperanza futura.

Jesús dijo que no bebería más del fruto de la vid, "hasta que el reino de Dios venga". (San Lucas 22:18), cuando el Reino se establezca completamente en la tierra, y tendremos otro banquete en la celebración más grande de todos los tiempos. Nuestra memoria está ligada a la anticipación.

Como creyentes, debemos mirar hacia atrás, mirar la cruz constantemente, no olvidemos la carne y sangre de Jesús que fue entregada para liberarnos. Celebramos el sacrificio con el pan y el vino. Pero mientras recordamos, anticipamos. Hoy, comemos el pan y bebemos el vino con alegría y tristeza. Las Escrituras dice que los creyentes gimen por el día en que se entregará toda la creación. Hay una liberación mayor que está por venir y de la que seremos parte. Y Jesús estará allí, comiendo y bebiendo con nosotros. Recuerda lo que Jesús ha hecho y anticipa el banquete por venir. Ese día, la tristeza del mundo de hoy será un desvanecido recuerdo.

COMPARTE LA HISTORIA

San Lucas 22:19-20 Y tomó el pan y dio gracias, y lo partió y les dio, diciendo: Esto es mi cuerpo, que por vosotros es dado; haced esto en memoria de mí. De igual manera, después que hubo cenado, tomó la copa, diciendo: Esta copa es el nuevo pacto en mi sangre, que por vosotros se derrama.

LA PASCUA: La noche antes de la muerte de Jesús fue la fiesta de Pascua, la fiesta más celebrada en la tradición judía. Es importante que el momento del banquete alinea con el punto culminante del ministerio de Jesús. La Pascua recuerda el éxodo de los hebreos de Egipto en la época de Moisés. Después de nueve plagas, el faraón egipcio se negó a que los esclavos hebreos fuesen liberados, entonces Dios envió una décima plaga: el ángel de la muerte mataría a todo varón primogénito en la tierra. Pero Dios le dijo a los hebreos que marcasen sus puertas con la sangre del cordero, y el ángel de la muerte pasaría de largo. Jesús vino como el último cordero cuya sangre salvará al pueblo de la muerte.

Pregunta: ¿Qué quiere decir "Pascua"?

LA PREPARACIÓN: Pedro y Juan fueron enviados a encontrar a un hombre que llevaba una jarra de agua (generalmente trabajo de la mujer) para llevarlo a la sala superior preparada para la Pascua. También adquirieron el cordero que sería sacrificado para el banquete. Mientras tanto, Judas aceptó la oferta de treinta piezas de plata (el precio de un esclavo) de manos de los principales sacerdotes y maestros de la ley que deseaban deshacerse de Jesús.

Preguntas: ¿Alguna vez has sido encargado de preparar una gran comida navideña? ¿Alguna vez alguien ha hablado de ti a tus espaldas y ha conspirado contra ti?

LA ÚLTIMA CENA: Cuando todo estaba listo, Jesús y los doce discípulos llegaron a la sala superior y estaban sentados a la mesa, costumbre de los judíos durante las comidas especiales. Jesús expresó que había deseado compartir esta Pascua con sus discípulos ardientemente. La fiesta, llamada el seder, tiene un orden especial que sigue 15 pasos a partir de compartir una copa de vino. En el cuarto paso, el anfitrión rompe el pan (matzá). Pero Jesús añadió una declaración radical ("Esto es mi cuerpo dado para ustedes. Haced esto en memoria mía") para revelar la celebración que le señalaba a Él.

Preguntas: ¿Hay alguna fiesta que no puedas esperar a celebrar con tus seres queridos? ¿Alguna vez has participado de la Comunión? ¿Qué simboliza el pan a ti?

LA COPA DEL NUEVO PACTO: Jesús tomó la "Copa de la redención" y dijo: "esta Copa es el nuevo pacto de mi sangre, que fue derramada por vosotros". En el antiguo pacto, los judíos tenían que cumplir la ley y hacer sacrificios animales continuamente. Por el derramamiento de la sangre de Jesús, emergió un nuevo pacto que sella la relación de Dios con su pueblo una vez por todas.

Pregunta: ¿Cuáles son las diferencias entre el viejo y el nuevo pacto?

NOTAS

39: JOB

JOB 1-2, 38-42

EL ERROR EN EL DOLOR

La siempre temida historia de Job comenzó con horror de inmediato, cuando estaba en un lugar seguro y lleno de prosperidad se sumió instantáneamente en un mundo de desesperación. Podemos pasar por alto estas páginas porque son demasiado inquietantes. Job perdió su sustento, sus diez hijos y su salud, en cuestión de días. Sus amigos echaron sal a sus heridas abiertas acusándolo de ser pecador; su esposa dijo que era un caso perdido. Si nos atrevemos, en absoluto, a leer esta historia que se encuentra como en el medio de nuestras Biblias, nos estremecemos al imaginar una "noche tan oscura para el alma". Sin embargo, nos sentimos intrigados, porque este fiel hombre de Dios hizo lo que todos hacemos cuando sufrimos. Él cuestionó. Él se quejó. Clamó al cielo por una respuesta. Él exigió una explicación.

Job no podía creer que Dios tuviese razones para castigarle porque sabía que él no había pecado. Poco sabía él, su integridad estaba poniéndose a prueba ante Satanás el acusador y Dios el santo. Al final, Job fue bendecido dos veces más – – después de que se arrepintió de todo. ¿Por qué debía una víctima justa arrepentirse? ¿O necesita pedir disculpas? Porque Job había cometido un error cuando se quejó de Dios y trató de ponerse por encima de Él.

La respuesta de Dios al juicio de Job vino como una penetrante introducción de la verdadera naturaleza de Elohim – Dios es poderoso, sabio, omnisciente, omnipresente y está más allá del entendimiento. No es un sin sentido ni una sin razón. Dios cuestionó su conocimiento, haciéndole pregunta tras pregunta que Job no podría contestar ni afirmar: ¿Conoces las leyes de los cielos? ¿Dónde reside la oscuridad? ¿Tienes un brazo como el de Dios, y puede tu voz tronar como la suya? ¿Me condenarías para justificarte a ti mismo?

La revelación del Señor de Sí mismo silenció a Job. No era necesaria ninguna explicación para su sufrimiento. Dios dijo esencialmente que para cada pregunta que tú tienes, YO SOY la respuesta. Dios terminó de hablar en gran detalle acerca de dos criaturas, el Behemoth y el Leviatán. Estos dos depredadores, ya sean míticos o reales, eran símbolos de fiereza suprema en el mundo antiguo. Como lo puso Dios, el Leviatán (serpiente de mar) era en realidad el "rey sobre todos los hijos del orgullo". Y Dios, terminó su discurso con esas palabras, estaba llamando a Job un hijo del orgullo, por haber pensado que sus conclusiones eran mejores y más razonables que las de Dios.

Aunque Job había vivido libre de culpa, tuvo que arrepentirse porque cometió el pecado del orgullo. Como él, tendemos a decir, no puede haber ninguna razón posible para mi dolor o para el dolor del mundo. Pero Dios es infinitamente más sabio que nosotros. No tenemos opción en nuestro dolor. Podemos ceder ante el rey de los hijos del orgullo – – que es el acusador, la serpiente, Satanás – – y, al hacerlo, decir que Dios no ha podido cumplir con nuestros estándares. O simplemente podemos confiar que Dios conoce y supervisa todo, incluso nuestro sufrimiento. Si soportamos nuestras desesperaciones más profundas y nuestros horrores descubriremos, como Job, que una mejor vida, más profunda, más completa nacerá del dolor. Mientras tanto, debemos elegir ser hijos del orgullo o hijos de Dios, inclinándonos ante el único y sabio Creador.

COMPARTE LA HISTORIA

Job 1:21 Job dijo: "Desnudo salí del vientre de mi madre, y desnudo volveré allá. Jehová dio, y Jehová quitó; sea el nombre de Jehová bendito".

SATANÁS PERSIGUE A JOB: Job era un hombre justo viviendo una vida feliz y sirviendo a Dios. Un día los Ángeles y Satanás (el adversario) vinieron ante Dios. Dios señala el buen comportamiento de Job, pero Satanás dice que el comportamiento de Job se debía a sus bendiciones. Dijo que si Job sufría, maldeciría a Dios. En respuesta, Dios le dio permiso a Satanás para que probase a Job haciéndole sufrir.

Preguntas: ¿Alguna vez sientes que alguien te pone a prueba? ¿Crees que Satanás te prueba algunas veces? ¿Por qué permitiría Dios que eso ocurriese?

ALABA MIENTRAS SUFRES: Satanás atacó y mató a sus bueyes de trabajo, burros, ovejas, camellos, siervos y hasta a sus diez hijos – – todo en un día. Job estaba abrumado por el dolor, pero él aun dijo, "Que sea alabado el nombre del Señor". Cuando Satanás regresó a Dios y dijo que seguramente si se le quitase la salud a Job, él maldeciría a Dios, Dios permitió que Satanás atacase de nuevo, esta vez cubriendo el cuerpo entero de Job con dolorosas llagas. La esposa de Job le dijo que maldijese a Dios para morir, pero Job dijo que él debía aceptar el bien y el mal de parte de Dios. Él no pecó.

Preguntas: ¿Cómo reaccionas cuando sufres? ¿Siempre alabas a Dios cuando estás sufriendo? ¿Te has alejado de Dios debido al dolor y al sufrimiento propio o del mundo?

NO SE CONSIGUE ALIVIO: Tres amigos de Job vinieron a consolar a Job en su pena y dolor, pero sugirieron que Job debía haber pecado para merecer tan horribles circunstancias. Job permaneció tranquilo – – él sabía que no había pecado y quería tener la oportunidad para declarar su inocencia ante Dios.

Preguntas: ¿Crees que las personas que están sufriendo hicieron algo para merecerlo? ¿Eres un buen consolador para un amigo que está sufriendo? ¿Crees que Dios permite el sufrimiento por alguna razón?

EL SEÑOR HABLA: Después de que Job y sus amigos expresaron lo que pensaban acerca de lo que le pasaba a Job, Dios habló desde una tormenta para preguntarle a Job por qué estaba hablando sin saber. Preguntó: "¿Dónde estabas cuando puse los cimientos de la tierra?" lo que realmente quería preguntar era, "¿eres Dios?" Le recordó a Job que, el Señor, sólo conocía las razones detrás de todo y que Job estaba equivocado al pensar que Dios no tenía ninguna razón. En última instancia, Job se arrepintió de su orgullo, y él dejó a Dios ser Dios. Después de todo esto, Dios bendijo la última mitad de la vida de Job, incluso más que la primera mitad.

Preguntas: ¿Crees que Dios tiene un motivo para todo? ¿Crees que tú lo sabes todo?

Isaías 55:9 "Como son más altos los cielos que la tierra, así son mis caminos más altos que vuestros caminos, y mis pensamientos más que vuestros pensamientos".

NOTAS

40: ÉL ORÓ, FUE TRAICIONADO

SAN LUCAS 22:39-62

RENDIDO EN EL JARDÍN

Nuestra cultura publicita mucho la vida fácil. Vemos ese sueño anunciado por todas partes: en los anuncios, en las películas, en la manera en que presentamos nuestras vidas en línea y cara a cara. Imaginamos un caminar feliz sin resistencia alguna y hacemos todo lo posible por acoplar nuestras vidas a ese ideal.

La verdad es que muy pocos logran acoplar la vida real a ese sueño. Nuestras expectativas de cuento de hadas se convierten en decepción. Mientras continuamos alabando a Dios y sonriendo, muchos de nosotros llevamos a cuestas un dolor secreto porque las cosas no resultaron perfectas... Nuestra voluntad no se hizo realidad.

Cuando Jesús estaba en las últimas horas antes de ser traicionado, juzgado y ejecutado, rezó la suprema oración de entrega, "diciendo: Padre, si quieres, pasa de mí esta copa; pero no se haga mi voluntad, sino la tuya". (San Lucas 22:42). Jesús imaginó un camino sin dolor y le pidió a Dios que se llevase su sufrimiento inminente.

Es naturaleza humana el evitar el dolor. De hecho, lo tememos. Para algunos, el miedo nos impulsa a dependencias y comportamientos malsanos– – cualquier cosa para bloquear las sensaciones de dolor y angustia. Escogemos la negación y construimos nuestro propio mundo de desilusiones, para así evitar la realidad de dolor y angustia.

Para Jesús, no había escape del dolor. Si el padre lo quería, Él iría al lugar más humillante y doloroso en la tierra.

Y sus discípulos prometieron ir con él. Pero mientras Jesús oraba en un mar de sudor y un mundo de agonía, los discípulos dormían. Cuando él fue traicionado con un beso y detenido por una turba armada, ellos corrieron. Mientras que a Él se le apresaba con falsos cargos, antes de que el gallo cantara a la mañana siguiente, un querido amigo negó conocerle.

El camino de la resistencia es poco transitado. El camino de que "se haga Tu voluntad" significa abrir nuestros apretados puños para dejar ir el sueño. No es que Dios no está interesado en nuestros sueños o que solo quiere que suframos. Pero decir que "se haga Tu voluntad" significa que renunciamos a nuestra idea de cómo creemos que nuestra vida debe ser. Dios puede cumplir nuestros sueños, o puede tener un plan mejor. En el caso de Jesús, la Cruz no parece ser un plan mejor. Parece ser el peor escenario. Pero para Jesús, el resultado final valdría la pena – – Él se ganaría a la gente que amaba.

Nos enfrentamos con la decisión que enfrentaron los discípulos: quedarnos con Jesús (pase lo que pase), o dormirnos, correr y negar la verdad, hacer cualquier cosa para evitar el dolor.

Nuestra es la oportunidad de unirnos a Jesús en su oración de entrega en Getsemaní. Bien despiertos, optamos por borrar la historia cultural que conocemos – – la historia de una vida bonita, perfecta, fácil y ordenada. Entonces abrimos nuestras manos a la voluntad de Dios, ya sea de dolor o de miedo o de lo desconocido. Sabemos que no será fácil. Pero en el jardín, Dios nos permite soñar su sueño para nosotros, y declaramos que el Padre tiene la razón.

COMPARTE LA HISTORIA

San Lucas 22:42 diciendo: Padre, si quieres, pasa de mí esta copa; pero no se haga mi voluntad, sino la tuya.

DOBLE CARA: Jesús llegó a las horas finales antes de ser traicionado y arrestado. Menos de una semana antes, una gran multitud de judíos lo había acogido como su rey, gritando "Hosanna," una exclamación hebrea de alabanza que significa "Sálvanos". La gente había echado sus mantos sobre el camino delante de Jesús mientras él iba montado sobre un asno joven. Agitaban ramas de palma y celebraban diciendo que Él era el Mesías. Pronto, todo el mundo traicionaría a Jesús, incluso los más cercanos a Él.

Preguntas: ¿Has sido muy elogiado y luego insultado por la misma persona? ¿Qué opinas de las personas que son agradables al principio, pero después te dan la espalda?

TOMA ESTA COPA: Antes de su detención, Jesús fue al huerto de Getsemaní a orar. Sus discípulos fueron con Él, la mayoría parando para orar. Jesús fue más allá por el jardín con Pedro, Santiago y Juan. Oró a poca distancia de los tres discípulos, cayendo de hinojos y clamando, "Padre, si quieres, aparta esta Copa de mí; sin embargo que no se haga mi voluntad, sino la tuya". En la angustia, su sudor cayó como gotas de sangre. Mientras Él oraba, sus discípulos dormían. Durante su momento de oración, un ángel le fortaleció.

Preguntas: ¿Tienes un lugar especial para orar? ¿Qué significa orar, "que no se haga mi voluntad sino la tuya"? ¿Qué tan fuerte tendrías que orar para que el sudor cayese como gotas de sangre?

TRAICIÓN: Cuando Jesús volvió con sus discípulos, Judas condujo a un grupo y se acercó a Jesús. Cuando Judas besó a Jesús para señalar a las autoridades que le arrestasen, Pedro tomó su espada y golpeó al siervo del sumo sacerdote, cortándole la oreja. Pero Jesús le dijo a Pedro que no luchase con la espada y curaron la oreja del hombre. Jesús preguntó a la multitud por qué vinieron a arrestarlo en la oscuridad si Él enseñaba abiertamente en los patios del templo. Ellos detuvieron a Jesús y se lo llevaron.

Pregunta: ¿Has sido traicionado usted alguna vez?

NEGACIÓN: Como Jesús lo había predicho, la mayoría de los discípulos se dispersaron. Pero Pedro siguió a Jesús cuando fue llevado a casa del sumo sacerdote. Mientras que Pedro esperaba afuera entre los guardias, una niña lo reconoció por haber estado con Jesús. Pero Pedro lo negó. Dos más dijeron que lo habían visto con Jesús, y él lo negó nuevamente. Cuando negó a Jesús la tercera vez, cantó un gallo y Jesús le miró. Jesús había dicho que Pedro le negaría tres veces antes de que cantase el gallo. Pedro se fue, llorando.

Preguntas: ¿Defenderías aquello en lo que crees si todo el mundo está en tu contra? ¿Mantienes tu fe en secreto, o incluso mientes acerca de esta?

NOTAS

41: ELÍAS

1 REYES 18

EL PROFETA SOLITARIO

Elías fue realmente uno de los héroes del Antiguo Testamento — uno con un repertorio sin parangón. Él resucitó a un niño muerto, indicó el comienzo de una sequía de tres años, oró por la tormenta que terminaría con la sequía, hizo que cayese fuego del cielo, mató a muchos herejes, fue transportado de la tierra por el Espíritu de Dios, casualmente dividió las aguas del Río Jordán y, técnicamente, nunca murió sino que fue llevado al cielo en una carroza. No sólo fue todo eso en su vida terrenal, sino que su espíritu descansaría sobre el precursor del Mesías (Juan Bautista) y estuvo con Jesús y Moisés en una montaña mientras que tres de los discípulos observaron asombrados.

En la historia de Dios, Elías ejerce un papel exclusivo. Es poco probable que cualquiera diga que este profeta de Dios, en medio de su alta vocación, alguna vez haya querido darse por rendido. Pero lo hizo. Después de la victoria en Monte Carmelo, donde él solo refutó a 450 profetas fervientes de la deidad extranjera Baal y luego oró para que milagrosamente se terminara la sequía, Elías se encontraba sentado bajo un árbol de retama en el desierto. Allí, lejos de las lluvias en Monte Carmelo, Elías oró para morir. Cuando el Señor lo sostuvo, Elías viajó más lejos aún, a una cueva en el Monte Sinaí y se quejó a Dios porque la gente estaba contra él y él estaba solo. ¿Elías, el gran hombre de las Escrituras, estaba solo y se sentía derrotado y se preguntaba si todo valía la pena?

Dios escuchaba pacientemente las quejas de Elías y luego lo invitó a un saliente en la montaña. Dios envió un gran viento, un terremoto, y luego fuego, todo mientras Elías miraba. Pero Dios no estaba en el viento, el terremoto o el fuego. Entonces vino un susurro de una voz. Elías, un hombre acostumbrado a las maravillas extravagantes de Dios, aprendió desde su lugar de soledad, que Dios habla en el silencio.

Pronto, Elías siguió con su misión y dejó este período de derrota tras él. Pero el momento en que casi se dio por vencido nos dice mucho acerca de Elías. Él tenía "una naturaleza como la nuestra" (Santiago 5:17). Su temporada de tristeza también enseñó a Elías mucho acerca de Dios, quien habla en el silencio de la soledad profunda. Su sustento sutil en el desierto es suficiente.

Los cuentos de las muchas victorias de Elías son asombrosos, pero no podemos olvidar que él era sólo un hombre. Elías experimentó el poder en la oración y al escuchar la voz de Dios, pero tomó quebranto y soledad el completarse como hombre.

En nuestros momentos de árbol de retama, cuando estamos más solos, tenemos la oportunidad de conversar con Dios y escuchar su suave voz. Nuestra soledad nos puede hacer avanzar en la oración profunda, ferviente y eficaz. Allí, si no nos rendimos, podemos tener conversaciones con Dios, que solo son posibles en el silencio. Le escuchamos decir, "Sí, vale la pena".

COMPARTE LA HISTORIA

1 Reyes 18:36-37 "Cuando llegó la hora de ofrecerse el holocausto, se acercó el profeta Elías y dijo: Jehová Dios de Abraham, de Isaac y de Israel, sea hoy manifiesto que tú eres Dios en Israel, y que yo soy tu siervo, y que por mandato tuyo he hecho todas estas cosas. Respóndeme, Jehová, respóndeme, para que conozca este pueblo que tú, oh Jehová, eres el Dios, y que tú vuelves a ti el corazón de ellos".

LA SEQUÍA: Israel dividió en el Reino del norte (Israel) y el Reino del sur (Judá), y cada lado experimentaron líderes malvados, se lucharon el uno al otro y le desobedecieron a Dios. Uno de los líderes más malos era el rey Ahab del Reino del norte, que se casó con Jezabel, una princesa extranjera que adoraba a Baal y había permitido el culto de Baal para convertirlo en la religión de estado. En respuesta, el Profeta Elías anunció la sequía de Dios en la tierra.

Preguntas: ¿Crees que los desastres naturales en una nación son enviados por Dios? ¿Dejas que otra persona, como Jezabel, influya en tus creencias?

ELÍAS RETA AL REY AHAB: Dios envió a Elías al rey Ahab en Samaria, donde la sequía había causado una hambruna severa. Elías declaró que Israel estaba sufriendo porque Ahab había permitido e incluso había participado en la adoración de ídolos. Él desafió a Ahab y a los profetas de Baal a reunirse con él en Monte Carmelo para elegir a quién iban a seguir.

Pregunta: ¿Cuáles son algunos de los ídolos que la gente adora hoy en día?

EL ENFRENTAMIENTO: Los profetas de Baal sacrificaron un toro a su Dios. Ellos gritaron durante horas bailaron alrededor del altar y se cortaron con cuchillos, tratando de llamar la atención de Baal. Cuando Baal no respondió, Elías se burló de los esfuerzos de los profetas y puso su propio sacrificio en el altar e incluso vertió agua sobre este. Le pidió a Dios que bañase su altar con fuego, para probar que Él, era el único Dios verdadero de la lucha. Y Dios respondió de una manera poderosa.

Pregunta: ¿Has necesitado alguna vez que Dios haga una gran aparición?

LA LLUVIA: Después del desafío, Elías esperaba en la parte superior de Monte Carmelo a que Dios enviase la lluvia para poner fin a la sequía. Elías repetidamente envió a su criado, le envió siete veces a buscar signos de que la lluvia se acercaba. La séptima vez, él le dijo a Elías que una pequeña nube del tamaño de una mano humana se levantaba del mar. Elías advirtió a Ahab que bajase de la montaña, antes de que la tormenta le impidiese salir. Lleno del Espíritu de Dios, Elías corrió delante de Ahab y su carro.

Pregunta: ¿Crees que si oras para que llueva, lloverá?

Santiago 5:17-18 Elías era hombre sujeto a pasiones semejantes a las nuestras, y oró fervientemente para que no lloviese, y no llovió sobre la tierra por tres años y seis meses. Y otra vez oró, y el cielo dio lluvia, y la tierra produjo su fruto.

NOTAS

42: JUZGADO, CRUCIFICADO

SAN LUCAS 22:63-23:56

COMO SABEMOS LO QUÉ ES EL AMOR

¿Cuál es el evento que se erige como eje central de la fe cristiana? Algunos podrían decir que es la encarnación de Dios en Jesús, mientras que otros dirían que es resurrección de Jesús. Otros apuntarían a la crucifixión de Cristo.

Algunas iglesias sostienen que la crucifixión es el gran acontecimiento de la fe – – el gran evento de la historia – – y muestran el crucifijo frente al santuario. La imagen de Jesús en la Cruz, en lo que llamamos su pasión, es donde se centran todas las miradas durante la adoración. No todos nosotros estamos familiarizados con este icono. Porque sabemos que Cristo superó la muerte, tendemos a evitar la hora de la tragedia de su sufrimiento y horrible ejecución. Mostramos la cruz vacía, porque Jesús ha resucitado y ya no está muerto. Y esto es cierto y razonable. Pero al mismo tiempo no podemos olvidar o negar este hecho: Dios, en forma de hombre, Jesús, murió.

Qué gran giro inesperado en la historia del mundo. La fuente de la vida, Él quien es vida, se entregó al poder de la muerte. No podemos entender o explicar tal fenómeno totalmente. Lo que podemos comprender es lo que el apóstol Juan escribió: "En esto hemos conocido el amor, en que él puso su vida por nosotros; también nosotros debemos poner nuestras vidas por los hermanos". (1 San Juan 3:16).

Cuando miramos a Jesús luchando, sangrando, en la Cruz, encontramos el amor verdadero. Odiado y burlado, azotado y perforado y enterrado – – eso es lo que el hombre pecador hizo con verdadero amor. Podría haber sido nuestro voto el que lo condenó y nuestras manos las que cometieron el asesinato. Tú y yo no estuvimos allí cuando la gente exigió la vida de Jesús, pero nuestros corazones están tan contaminados como los de esa multitud. También, somos propensos al rechazar y ahogar al amor.

El amor verdadero es totalmente vulnerable, como un hombre despojado, desnudo en un poste, que está dispuesto a sufrir. No nos sentimos cómodos con esto, así que tendemos a huir de la vulnerabilidad del amor y esto se refleja en nuestra vida cotidiana. Evitamos el amor verdadero, incluso con la gente más cercana a nosotros. Estamos dispuestos a aplacarla o a entretenerla. Pero a amarle realmente – – no necesariamente. Eso es porque el verdadero amor sufre y no puede controlar las respuestas del otro. Queremos tener el control.

Queremos sentirnos seguros, para evitar el rechazo y la humillación. Jesús se entregó por completo – – entregó el control a los verdugos y se entregó al rechazo y a la humillación.

Pero Jesús nos enseña que el amor vale la pena al final: "el cual por el gozo puesto delante de él sufrió la cruz". (Hebreos 12:2). Sufrió la muerte por la única cosa que no falla. Ni siquiera el odio ni la muerte pueden detener al amor. El amor "todo lo soporta". (1 Corintios 13:7). Jesús amó al hombre aún cuando el hombre lo estaba asesinando. Y Jesús siguió amando a la humanidad mucho después del oscuro día de la crucifixión.

Podemos celebrar la crucifixión junto con la encarnación y la resurrección, porque por la muerte de Jesús en la cruz, conocemos el amor.

COMPARTE LA HISTORIA

San Lucas 22:69 Pero desde ahora el Hijo del Hombre se sentará a la diestra del poder de Dios.

San Lucas 23:34 Entonces Pilato sentenció que se hiciese lo que ellos pedían

JUICIO: Después de la detención de Jesús, durante toda la noche fue burlado e insultado por los guardias. Cuando amaneció, Jesús fue llevado ante el sanedrín y le hicieron dos preguntas: ¿eres el Mesías? ¿Eres el hijo de Dios? Jesús no respondió acerca de su identidad como el Mesías porque no lo creerían de todos modos. Pero Él les dijo que era el hijo de Dios. Esta respuesta fue suficiente para condenarlo por blasfemia (el pretender ser Dios).

Preguntas: ¿Mintió Jesús al decir que Él era el hijo de Dios? Si eso fuese mentira, ¿por qué sería importante?

CRUCIFÍCALE: Después del juicio religioso, Jesús fue llevado ante Poncio Pilatos, el gobernador romano de Judea. Los miembros del sanedrín presentaron un caso parcial contra Jesús: había creado una rebelión entre el pueblo, dijo a la gente que no pagasen los tributos romanos y pretendió ser rey (creando una amenaza a la autoridad romana). Pilatos no había encontrado ningún caso contra Jesús y lo envió a Herodes el tetrarca o gobernante de Galilea. Herodes no encontró ningun motivo para condenar a Jesús, tampoco. De regreso ante Pilatos, Jesús fue presentado a la gente para ser liberado. El pueblo exigió la liberación de un asesino llamado Barrabás. Jesús sería crucificado.

Pregunta: ¿Alguna vez un grupo de personas se ha puesto en tu contra?

GÓLGOTA: Pilatos cumplió la voluntad del pueblo, y los guardias pusieron una cruz (un instrumento romano de ejecución, en el que una persona era empalada o atada y dejada a sofocar) sobre la espalda de Jesús. Jesús había sido tan terriblemente azotado que no podía llevar la Cruz de madera, por lo que un hombre de la multitud fue obligado a llevarla. Jesús fue clavado en la Cruz y colgado entre dos delincuentes comunes en un lugar llamado Gólgota, y allí pidió a Dios que perdonase a sus asesinos. Uno de los criminales le pidió que le recordase cuando Jesús entrase en su reino. Jesús le prometió, "De cierto te digo: hoy estarás conmigo en el paraíso".

Preguntas: ¿Sabes qué está implicado en la crucifixión? ¿Puede Jesús realmente perdonar a alguien?

MUERTE Y ENTIERRO: El cielo oscurecía, y Jesús clamó, "Dios mío, Dios mío, ¿por qué me has desamparado?" Después de horas de tormento, encomendó su Espíritu a Dios y murió. Un terremoto sacudió la tierra, las tumbas se abrieron, y la cortina del templo (que separaba el Lugar Santo del Lugar Santísimo donde habitaba la presencia de Dios) se rasgó en dos. El cuerpo de Jesús fue bajado, envuelto y enterrado en una tumba nueva.

Preguntas: ¿Qué fenómenos sobrenaturales tuvieron lugar cuando Jesús murió? ¿Crees que Jesús fue abandonado realmente por Dios en la Cruz? ¿Crees que se puede acceder a la presencia de Dios?

NOTAS

43: JONÁS

LIBRO DE JONÁS

LA VERDADERA AVENTURA

La historia de Jonás está llena de aventura y suspenso, un hombre en fuga, una tormenta perfecta, un ahogamiento, supervivencia dentro de un pez gigante, discusión con Dios... Termina cuando Jonás esperaba disfrutar ver destruida la malvada Nínive, sólo para decepcionarse porque Dios salvó esa ciudad.

Pero la historia tiene más momentos emocionantes. También ilustra al hombre que escuchó el llamado de Dios y corrió en dirección contraria, que estaba dispuesto a hacer un viaje difícil, un peligroso viaje por mar, en lugar de ir ante quienes odiaba a compartir el amor de Dios. Podríamos entender a Jonás bastante bien, porque, seamos honestos, preferiríamos tomar la siguiente barca (o avión) a una playa del Mediterráneo y decidir que es momento de jubilarnos que ser enviados a los lugares donde no quisiéramos compartir el amor de Dios.

Esta historia es realmente acerca del amor incondicional de Dios, demostrado con segundas oportunidades. Dios amaba a Nínive, a pesar de que su gente era enemiga de Israel y no adoraban a Dios. Dios envió a Jonás a advertir a los ninivitas y a alejarlos de daño alguno. Y Dios amó a Jonás, incluso cuando él corrió y zarpó hacia una jubilación temprana. Y Dios amó a los animales en la ciudad de Nínive lo suficiente como para salvarlos de la destrucción. Todos tuvieron una segunda oportunidad.

Jonás no comprendió. Él fue llamado a ofrecerle a Nínive una segunda oportunidad, pero la odiaba tanto, que no creía que se la merecía. Jonás sintió su odio tan profundamente que él estaba dispuesto a pasar el resto de su vida sin Dios. Cuando su carrera le causó problemas, Dios lo rescató de su autosuficiencia y graciosamente atrajo a Jonás. Incluso entonces, Jonás quería que la gente mala muriese.

Puede que esta historia afectemos demasiado, mostrándonos que nuestra autosuficiencia y deseos personales realmente no nos llevan a ninguna parte, ni a ningún lugar seguro. Sin embargo, podemos elegir vivir en la voluntad de Dios en lugar de huir de Él; a vivir para los demás, no sólo a nosotros mismos; y a amar a la gente, a todas las personas, incluso a las malas personas. La historia de Jonás nos anima a amar y a cuidar a todos: porque Dios nos ama. El amor de Dios es el verdadero tema de la historia. Cuando entendemos eso, podemos encontrarnos deseando la voluntad de Dios en lugar de huir de Él. Podemos encontrarnos confiando que allá donde Él nos envía es el mejor lugar para nosotros (aunque no sea la playa), y que su voluntad, aunque arriesgada, es la ruta más segura. Y cuando le dejamos tomar posesión de nuestras vidas (porque nos ama), empezamos a amar esas personas que Dios ama, incluso si no hemos sido capaces de amarles por nuestra cuenta.

Más que un relato absurdo o una reprimendita, la historia de Jonás se entiende mejor cuando nos hace preguntarnos, "¿Cómo puedo yo experimentar más del amor de Dios?" Es una buena pregunta, tal vez la única que va a alejarnos de nuestros deseos egoístas. Adelante, haz la pregunta — pregúntale a Él — y luego espera embarcarte en una aventura.

COMPARTE LA HISTORIA

Jonás 4:11 ¿Y no tendré yo piedad de Nínive, aquella gran ciudad donde hay más de ciento veinte mil personas que no saben discernir entre su mano derecha y su mano izquierda...?

ESCAPANDO DE DIOS: Jonás fue un profeta de Dios, de una localidad cercana a Nazaret. Dios le dijo que fuese a Nínive, una ciudad 500 millas al este de Asiria para advertirles que Dios los destruiría por su maldad. En cambio, Jonás se dirigió al oeste, con la esperanza de huir de Dios y su llamado. Una vez se hizo al mar, se montó en una barca y siguió hacia el oeste. Dios envió una tormenta terrible para detenerlo. Jonás hizo que los marineros lo echasen por la borda para calmar la tormenta.

Preguntas: ¿Alguna vez has huido de algo que no quería hacer? ¿O has huido de Dios?

EN EL ESTÓMAGO DE UN PEZ: Dios hizo que un gran pez se tragase a Jonás para que no muriese. Pasó tres días y tres noches en ese estómago oscuro, y allí rezaba y alababa a Dios. Agradeció a Dios por darle una segunda oportunidad y decidió volver a dedicarse a servir a Dios. Dios hizo que el pez vomitase a Jonás en tierra. (Cientos de años más tarde, Jesús utilizó la historia de Jonás y el pez como un signo señalando su muerte y resurrección. Jesús fue crucificado, muerto y sepultado en la tierra durante tres días, pero al tercer día, resucitó).

Pregunta: ¿Alguna vez has estado al punto de morir, pero lograste sobrevivir?

SEGUNDA OPORTUNIDAD: Dios dio a Jonás una segunda oportunidad para entregar su mensaje. Esta vez, Jonás fue a Nínive y declaro que la ciudad sería destruida a causa de sus malas acciones. Increíblemente, la ciudad entera se arrepintió, ayunando y pidiendo a Dios misericordia. Dios oyó sus gritos y dio a los ninivitas una segunda oportunidad, igual a la que le había dado a Jonás.

Preguntas: ¿Alguna vez te han dado una segunda oportunidad? ¿Necesitas una segunda oportunidad ahora

LA IRA DE JONÁS, LA COMPASIÓN DE DIOS: Aunque parezca increíble, Jonás estaba tan enojado de que Dios no hubiese destruido la ciudad de Nínive que le pidió que tomase su vida. Con la esperanza de que Dios destruiría la ciudad, Jonás tercamente construyo un improvisado refugio del sol y vigiló con expectación la ciudad. Pero nada ocurrió. Dios hizo que una vid creciera para proteger a Jonás del sol y después envió un gusano que consumió la vid. Mientras que la sombra hizo feliz a Jonás, el sol hizo que Jonás quisiera morir. Dios le dijo a Jonás que a él le importaba más una planta que una ciudad llena de personas y animales. Jonás no estaba actuando correctamente.

Preguntas: ¿Alguna vez has deseado que le sucedan cosas malas a las personas que consideras malvadas? ¿Crees que Dios disfruta castigando a quienes hacen cosas malas?

Salmo 103:10 "No ha hecho con nosotros conforme a nuestras iniquidades, ni nos ha pagado conforme a nuestros pecados".

NOTAS

44: RESUCITADO

SAN MATEO 28:1-15; SAN LUCAS 24:9-32

UNA PERSPECTIVA ANGELICAL

Después de ver a su Señor morir brutalmente el viernes, a los discípulos les faltaba toda esperanza. Jesús estaba muerto, y ninguno de sus seguidores creía que volvería a la vida, a pesar de que Él había dicho que lo haría.

Jesús les conto repetidas veces a sus discípulos sobre la muerte del hijo del hombre. Él les contó su triste destino, pero siempre decía: "al tercer día resucitará" (San Mateo 17:23). Sin embargo, a pesar de su promesa de resurrección, los discípulos no consideraban ni siquiera la posibilidad. Desde su perspectiva terrenal, había llegado el fin. Sin embargo, la perspectiva celestial nunca vaciló.

Cuando las mujeres que amaban a Jesús visitaron su tumba la madrugada del domingo, se encontraron con una deslumbrante sorpresa allí – – ángeles. Mateo registró a un ángel; Lucas registró a dos. Mateo explicó que, dado que un terremoto acompañó al ángel del cielo, los guardias de la tumba se desmayaron del susto. El ángel "removió la piedra, y se sentó sobre ella". (San Mateo 28:2).

Imagínate este ser celestial, sentado en la piedra que había sellado el sepulcro de Jesús, con las piernas cruzadas, el mentón en la mano, muy tranquilo. Él nunca dudó que Jesús resucitaría de entre los muertos.

Cuando las mujeres se acercaron, les dijo con gran sencillez, "No temáis vosotras; porque yo sé que buscáis a Jesús, el que fue crucificado". (San Mateo 28:5). El reproche en sus palabras era sutil, pero todavía podemos sentirlo: Jesús dijo que resucitaría de entre los muertos, ¿por qué se preocupan? Jesús les dijo lo qué pasaría, ¿Por qué entonces tanta duda y depresión?

Desde la perspectiva del ángel, ese era sólo otro día en que Dios hacía lo que decía que iba a hacer. Así que póngate cómodo en una lápida, siéntate y relájate ¿no? Jesús ha resucitado, como Él lo dijo. La esperanza que recientemente se había secado, ahora crecía en los corazones de las mujeres que se dieron cuenta de que su luto había terminado. La alegría había llegado y Jesús, de hecho, viviría por siempre.

Nuestra tendencia es a tirar la toalla justo antes de recibir la buena noticia. Aun cuando el Señor nos ha dicho que Él se levantará otra vez, que Él redimirá nuestra situación, que nos dará alegría en lugar de tristeza, nos rendimos justo antes de encontrarnos con una perspectiva celestial. Nos preocupamos... perdemos la esperanza... nos desanimamos... sólo para darnos cuenta que nuestra desesperación no tenía fundamento y que se basaba en un falso presagio.

Alguien llega, un ángel o un conocido, para decirnos que Jesús ha llegado, como Él dijo que haría. De alguna manera, desde su perspectiva, ellos lo sabían todo el tiempo. Nosotros, por el contrario, hemos acampado en la oscuridad de la duda y la desesperación. Nos habíamos alejado de la palabra de Jesús, pero el cielo nunca ha vacilado.

¿En qué situaciones crees que ya no hay esperanza? Si un ángel se sienta ante ti, ¿Qué crees que diría acerca de tu destino? Quizás que Jesús cumplirá su propósito, como Él lo dijo.

RESUCITADO: SAN MATEO 28:1-15; SAN LUCAS 24:9-32

COMPARTE LA HISTORIA

San Mateo 28:6-7 No está aquí, pues ha resucitado, como dijo. Venid, ved el lugar donde fue puesto el Señor. E id pronto y decid a sus discípulos que ha resucitado de los muertos, y he aquí va delante de vosotros a Galilea; allí le veréis. He aquí, os lo he dicho.

San Lucas 24:26 Así que, si os dijeren: Mirad, está en el desierto, no salgáis; o mirad, está en los aposentos, no lo creáis.

HA RESUCITADO: Jesús fue crucificado el viernes antes de que el sábado comenzase esa noche. Después del sábado, el domingo por la mañana, María Magdalena y María la madre de Santiago fueron a la tumba. De repente, hubo un terremoto y un ángel apareció que había movido la piedra de la tumba de Jesús. Los guardias de la tumba se aterrorizaron y se desmayaron. Pero el ángel dijo a las mujeres que Jesús no estaba allí, porque había resucitado tal como dijo. El ángel dijo a las mujeres que compartiesen la noticia con los apóstoles, que Jesús se reuniría con ellos en Galilea.

Pregunta: ¿Sabes qué pasó con Jesús el tercer día después de su crucifixión?

UNA HISTORIA DIFERENTE: Las mujeres corrieron. Cuando los guardias recuperaron la conciencia y encontraron la tumba vacía, salieron a contarles a los líderes religiosos y se les dio un soborno para que le dijesen al gobernador que se habían quedado dormidos mientras que los discípulos robaron el cuerpo. Los líderes prometieron proteger a los guardias, ya que podrían ser ejecutados por quedarse dormidos. La historia del cuerpo robado comenzó a propagarse entre los judíos.

Preguntas: ¿Has oído la historia de que el cuerpo de Jesús fue robado de la tumba por parte de sus discípulos? ¿Sabías dónde se había originado esta historia?

¿CREER O DUDAR?: Cuando María Magdalena y María, junto con otras mujeres, les contaron a los discípulos acerca del ángel y de la tumba vacía, ellos no les creyeron. Pero dos discípulos, Pedro y probablemente Juan, corrieron a la tumba para ver por sí mismos. Juan corrió delante y vio la tumba vacía y creyó. Pedro vio la tumba y reflexionó sobre lo que podría haber sucedido. Otros dos creyentes (que no eran parte de los once) discutían los eventos mientras caminaban por la carretera de Jerusalén a Emaús. Un hombre apareció y caminó con ellos. El hombre era Jesús, pero ellos no le reconocieron. Cuando Jesús preguntó qué discutían, se sorprendieron de que no hubiese oído las noticias sobre la crucifixión de Jesús.

Preguntas: ¿Eres creyente o escéptico? ¿Alguna vez has interactuado con alguien sólo para descubrir más tarde que era alguien importante? ¿Tiendes a razonar las cosas, o te dejas llevar por tu instinto?

JESÚS REVELADO: Jesús explicó que el Mesías moriría y resucitaría, tal como fue profetizado en las Escrituras. Luego repasa toda la historia de las Escrituras y explica cómo todo le señalaba a Él. Cuando llegaron a Emaús, a siete millas de Jerusalén, los dos hombres le rogaron a Jesús que se quedase con ellos. Él estuvo de acuerdo. Mientras estaban juntos Jesús tomó pan, dio gracias, lo partió y lo distribuyó. De repente sus ojos se abrieron para ver quién era. Inmediatamente Jesús desapareció.

Preguntas: ¿Crees que una persona puede desaparecer? ¿Crees que las profecías del Antiguo Testamento señalan a alguien o a algo?

NOTAS

45: ISAÍAS

ISAÍAS 6; 7:14; 9; 53

¿EL CIELO POR ESTO?

A Isaías se le dio la oportunidad de ver a Dios en su trono, en toda su belleza y a criaturas celestiales inclinándose y repitiendo Santo, Santo, Santo. Sabía que no tenía derecho a estar en medio de la perfección, porque era pecador. Pero Dios proveyó una manera para cubrir su pecado, para hacerlo digno de su presencia.

Vio una luz de color brillante; oyó una voz como un gran río; se sintió amado y en paz. Era perfecto. Imagina que te diesen este regalo, en vez de a Isaías. ¿Querrías salir de ese lugar? Es probable que no. ¿La tierra... recuerdas ese lugar? ¿Por qué dejar la presencia de Dios para volver a la tierra del dolor y el pecado y la muerte?

Pero, incluso después de experimentar el cielo, cuando Dios pidió que un voluntario fuese a Judá, Isaías gritó, ¡Aquí estoy! ¡Envíame! Su misión era predicar a un pueblo que no escucharía y a corazones que no entenderían. Les advertiría de guerras y destrucción por venir, de un reino futuro y de un tiempo cuando todo se haría bien. Pero no volvería a ver ese reino. Él viviría y moriría predicando a un pueblo rebelde en una época turbulenta.

Tal vez Isaías amaba tanto a Dios, que él dejó su presencia para hacer cualquier cosa por Él, en cualquier lugar. Tal vez amaba a su propio pueblo en Judá lo suficiente como para dar su vida para servir en las trincheras, aún cuando seguían siendo rebeldes e insensibles. Tal vez por eso dijo, ¡Envíame!

Isaías entregó su mensaje y señaló a una persona llena de esperanza que sería rey, nacido de una Virgen, llamada Dios con nosotros. Este siervo de Dios, uno mucho mayor que Isaías o cualquier otro profeta, traería un reino tan poderoso que no acabaría nunca, aboliendo toda guerra y violencia.

Isaías dijo que este siervo sufriría – – mentalmente, físicamente, emocionalmente y espiritualmente – – como un paria entre los suyos. Él sería considerado loco y hasta poseído. Sería despreciado, rechazado y tratado como un leproso. Se hundiría bajo el peso de nuestro dolor y agonizaría por el bien de nuestra enfermedad. Todo nuestro mal se depositaría en Él, y voluntariamente se lo llevaría. Sería acusado falsamente y permanecería en silencio, sería asesinado a pesar de ser inocente. Derramaría su sangre por su pueblo, abrazaría su culpa como propia y dejaría que la ira de Dios cayese directamente sobre Él.

Este Sirviente que sufriría sería – – Dios con nosotros – – dejaría el cielo para eso.

Sólo un hombre como Él se ofrecería y diría, envíame a Mí, porque él ama a su Padre tanto que dejaría Su gloria – – haría cualquier cosa por Él, en cualquier lugar. Sólo un Hombre que ama a su pueblo tanto dejaría la perfección para servirles, aceptaría rechazo y moriría por ellos.

Nada complacería a Isaías y al Siervo que sufriría más, que dejar lo que es encantador y perfecto para servir en las trincheras a Aquel que es precioso y perfecto, tal vez podemos reunir a los nuestros, envíame.

COMPARTE LA HISTORIA

Isaías 53:5-6 "Mas él herido fue por nuestras rebeliones, molido por nuestros pecados; el castigo de nuestra paz fue sobre él, y por su llaga fuimos nosotros curados. Todos nosotros nos descarriamos como ovejas, cada cual se apartó por su camino; mas Jehová cargó en él el pecado de todos nosotros".

EL LLAMADO DE ISAÍAS: Dios llamó a Isaías como profeta a través de una visión de Dios en su trono celestial. Isaías vio serafines (criaturas celestiales conocidas como "los ardientes") rodeando a Dios y clamando "Santo, Santo, Santo". Isaías se angustió porque era "un hombre de labios inmundos." Una de las criaturas celestiales limpio sus labios con un carbón vivo. Dios le preguntó, "¿a quién enviaré? ¿Y quién irá por nosotros? Y dijo Isaías: "¡Aquí estoy! ¡Envíame!" Dios envió a Isaías para advertir a la gente de Judá acerca del venidero juicio, pero también para hablar de la esperanza futura, especialmente de la esperanza de un rey que viene— el Mesías.

Preguntas: ¿Sabes donde mora Dios? ¿Responderías al llamado de Dios: envíame?

NACIMIENTO DE LA VIRGEN: Una de las primeras predicciones de Isaías sobre el rey que vendría fue que nacería de una Virgen y se llamaría Emanuel, Dios con nosotros. 700 años después, la profecía se cumplió cuando una virgen concibió por el Espíritu Santo y dio a luz a Jesús. Jesús, el Mesías es literalmente Dios de carne y hueso – – él vino a vivir entre nosotros.

Preguntas: ¿Conoces las circunstancias del nacimiento de Jesús? ¿Crees lo que has escuchado?

VENIDA DEL REINO: Isaías escribió que el rey que vendría traería la luz a la oscuridad y esperanza a Israel y conduciría en un gobierno de paz en el que se sentaría en el trono de David (el rey más grande de Israel en su historia). Pero este futuro rey no sería un rey ordinario, porque su gobierno iba a durar para siempre. Sólo, Jesús, Dios de carne y hueso, podría tocar este papel.

Preguntas: ¿Esperas que los líderes terrenales traigan paz a nuestra nación y al mundo? ¿Estarías dispuesto a servir a un rey que trajese justicia y paz eterna?

UN SIRVIENTE QUE SUFRE: Isaías profetizó de la grandeza de Jesús como rey y del sufrimiento que enfrentaría. Jesús, aunque era Dios, sería rechazado, insultado y no sería reconocido. Su propio pueblo lo mataría brutalmente. Y aunque Él no tendría pecado, Él daría la vida en lugar de estas personas. Y que resucitaría, cumpliendo con la esperanza de toda la humanidad.

Preguntas: ¿Qué opinas sobre el hecho de que Jesús haya sido despreciado y rechazado por los hombres? ¿Alguna vez te has sentido rechazado? ¿Crees que Jesús murió en tu lugar?

2 Corintios 5:21 Al que no conoció pecado, por nosotros lo hizo pecado, para que nosotros fuésemos hechos justicia de Dios en él.

NOTAS

46: RESTAURADO PARA SERVIR

SAN JUAN 20:24-29; 21:1-19

¿ME AMAS?

En medio del alboroto sobre el cuerpo ausente de Jesús Nazareno, sus fervientes discípulos se habían encerrado en la planta alta de una habitación en la ciudad de Jerusalén. Ellos estaban aterrorizados de las autoridades, que habían anunciado que eran culpables de robar el cadáver del hombre muerto. Pero el terror dio paso a nueva energía y a una alegría indecible cuando Jesús entró en su guarida a través de la pared de piedra y dijo: "La paz sea contigo".

Jesús se apareció a sus amigos más queridos y todos los fieles, incluyendo a Tomás — estaban convencidos de que Jesús era el Señor de la vida. Pero Pedro se quedo atrás, no porque no creía, porque Pedro estaba convencido de que la resurrección ocurriría. Pedro se arrepentía haber negado al Señor tres veces la noche antes de su crucifixión. Su culpabilidad disminuyo su alegría por la resurrección del Señor: ¿Jesús le aceptaría? ¿Era digno de seguir al Señor resucitado?

Jesús hizo otra aparición especial a los discípulos en Galilea. Él vino a ellos por mar y desayunó con ellos. Sus ojos se fijaron en Pedro, quien sonrió y se rió en su presencia, cubriendo su miedo al rechazo total. Llevándole a un lado, Jesús le hizo una pregunta inquisitiva: "Simón, hijo de Jonás, ¿Me amas más que éstos?" Pedro lo miró a los ojos: "Sí, Señor. Sabes que te amo". Jesús respondió: "Apacienta mis corderos". No sería el final de esa conversación.

Nuevamente, Jesús preguntó: "Simón, hijo de Jonás, ¿me amas?" Y otra vez, Simón respondió: "Sí, Señor, tú sabes que te amo". En esta ocasión, Jesús dijo: "Pastorea mis ovejas".

Una tercera vez, Jesús le preguntó: "Simón, hijo de Jonás, ¿Me amas?" Por tercera vez, Simón respondió: "Señor, tú lo sabes todo; sabes que te amo." Y Jesús dijo: "Apacienta mis ovejas." Jesús dijo que un día Pedro también iba a morir en una cruz. Él le dijo: "¡Sígueme!"

Jesús llamó a Pedro nuevamente para que lo siguiese. Por cada una de las negaciones de Pedro, Jesús le preguntó lo que realmente importaba: ¿me amas? A Él no le importaba el pasado de Pedro. A Él le importaba que Pedro le amara. Y por esa razón su futuro podía ser completamente diferente a su pasado. Con la respuesta del amor de Pedro, Jesús respondió con un llamado específico: Sé pastor.

Pedro fue fiel al llamado, incluso en el día de su crucifixión. Dejó atrás su terror a las autoridades y la culpa por sus errores. Cuando Jesús le restauró, Pedro se lanzó a una nueva vida. El criterio para esta transformación era sólo el amor por Jesús.

¿Estás retenido por el arrepentimiento y las fechorías del pasado, impedido de vivir tu verdadero llamado con alegría? Tal vez Jesús está preguntándote, una y otra vez, ¿me amas? Acércate a Él. Aprende a amarlo. El llamado que Él tiene para cada uno de nosotros puede solamente ser vivido fielmente si se comienza desde un lugar de amor por Él. Nosotros no podemos cambiar nuestro pasado, y Él no nos pide que lo hagamos. Él te está preguntando, "**¿Me amas?**"

COMPARTE LA HISTORIA

San Juan 20:29 Jesús le dijo: Porque me has visto, Tomás, creíste; bienaventurados los que no vieron, y creyeron.

LA APARICIÓN DE JESÚS: En la mañana de su resurrección, Jesús se apareció a María Magdalena cuando ella lloraba en la tumba. Ella no lo reconoció y pensó que podría ser el jardinero. Cuando Él le preguntó por qué lloraba, ella le dijo que se habían llevado a su Señor. Él respondió, "María" y llena de alegría, ella supo inmediatamente quién era Él. En la noche, Jesús se apareció en una habitación cerrada donde los discípulos estaban escondidos. ¡Los hombres estaban rebosantes de alegría al ver a Jesús vivo!

Preguntas: ¿Alguna vez has estado de duelo por la pérdida de un amigo? ¿Existe la voz de alguien en tu vida cuya voz te da consuelo?

LA DUDA DE TOMÁS: Uno de los discípulos, Tomás, no había estado en la sala cuando apareció Jesús. Después del evento, los otros discípulos le contaron que habían visto a Jesús. Pero Tomás no quería creerlo a menos que Él pudiese ver y tocar las heridas que los clavos habían dejado en sus manos. Una semana más tarde, los discípulos, incluyendo a Tomás, estaban juntos cuando Jesús se les apareció nuevamente. Jesús dejó que Tomás tocase sus manos y le dijo que dejase de dudar – – para creer. Aunque Tomás creyó, Jesús dijo que las personas que no veían y de todos modos creían, eran bendecidas.

Preguntas: ¿Tienes que tener la prueba delante de ti para creer en algo? ¿Alguna vez has dudado de tu fe? ¿Hay algo en lo que crees aunque no puedas verlo?

DESAYUNO A ORILLAS DEL MAR: Mientras estaba en Jerusalén, Jesús envió palabras a sus discípulos para reunirse con Él en Galilea. Mientras esperaban a Jesús en el mar de Galilea, Pedro y los discípulos fueron a pescar. Mientras no capturaban nada, vieron a alguien en la distancia quien les preguntó si tenían algún pescado. A su respuesta negativa, les dijo que bajasen las redes por el lado derecho. Las redes salieron llenas de peces y Juan se dio cuenta que el hombre era Jesús. Pedro saltó al agua y nadó a la orilla, donde Jesús estaba cocinando pescado y pan para el desayuno.

Preguntas: ¿Qué desayuno elegirías si fueses a comer con Jesús?

¿ME AMAS?: Después del desayuno, Jesús señaló a Pedro y le preguntó, "¿Realmente me amas más que éstos?" Pedro dijo, "Sí, Señor, tú sabes que te amo". Jesús le dijo que apacentase a sus corderos. Dos veces más le preguntaba y Pedro profesó su amor cada vez. Jesús le dijo que pastorase sus ovejas y luego, que apacentase a sus ovejas. Las tres preguntas estaban en paralelo con las tres negaciones que Pedro hizo después de la detención de Jesús. Con ese intercambio, Jesús había restaurado a Pedro y luego advirtió a Pedro que él, también, sería crucificado.

Preguntas: ¿Amas a Jesús? ¿Crees que es posible para Dios recuperar a las personas después de que le han negado?

NOTAS

47: DANIEL

DANIEL 1; 3; 6

MANTENTE FIRME

Daniel enfrento el mayor desafío, mantener su identidad en una cultura que estaba contra él. Él y tres de sus amigos fueron exiliados de sus hogares en Jerusalén y puestos en Babilonia, una capital pagana. El rey babilónico les vio como especímenes privilegiados a ser reeducados y capacitados para servirle a él. Esa reeducación robaría sus identidades, reemplazándolas con identidades que estarían de acuerdo con su nueva cultura.

Mientras que muchos de los jóvenes parecían haber cooperado con este robo de identidad, Daniel, Ananías, Misael, y Azarías permanecieron fieles a quienes eran – – A quien adoraban en Jerusalén era a quien adoraban en Babilonia; quienes eran en casa, con sus familias y tradiciones, seguía siendo quienes eran cuando se encontraban entre extraños que practicaban la idolatría.

Estos cuatro estaban en contra de las normas sociales. A todos aquellos en su programa de entrenamiento se les daba la opción de tener la comida y el vino de la mesa del rey, pero solamente Daniel y sus amigos insistieron en seguir su propia dieta de verduras y granos. Se negaron a ser "contaminados" por el alimento inmundo.

Ananías, Misael y Azarías (mejor conocido como Sadrac, Mesac y Abed-nego) eran los únicos de pie cuando el rey ordenó a todos inclinarse ante una estatua. Tomaron sus identidades como adoradores del verdadero Dios con ellos a donde fueron – – y salieron intactos. Daniel no tomó en cuenta un decreto de que quien orase a alguien que no fuese el rey, sería alimentó para los leones. Él oraba mañana, tarde y noche como siempre. Él tomó su fe a la guarida de los leones – y Dios lo sacó de allí intacto.

No tenemos que ser secuestrados para encontrar una cultura como la de Babilonia. Estamos en ella. La popular "dieta" de la cultura, la amenaza de destacarse y el temor de ser perseguidos podrían ser suficientes para moldearte en la imagen del mundo. Para quedarse de pie cuando todos los demás hacen reverencia requiere no sólo de mucha fe en Dios, sino también de un fuerte sentido de identidad como el que Daniel y el que sus amigos tenían. Se sentían cómodos siendo hombres de Dios, incluso bajo amenaza de muerte.

Somos tan rápidos para dudar de nosotros mismos – – ¿Qué pasaría si me equivoco? Somos tan rápidos para disculparnos por quienes somos – – ¿Qué pasaría si hacemos una escena? Somos muy rápidos para escondernos en las sombras de las masas – – ¿Qué pasaría si me rechazan, si se me oponen o me hacen daño?

Hay fuerzas poderosas listas para paralizarnos, para reeducarnos, para beneficiarse al robar nuestras identidades. Para combatir esto, tenemos que saber de Dios y su palabra, y no podemos ser intimidados fácilmente. Como creyentes, no podemos dudar de quiénes somos y la verdad que ha revelado Dios de nosotros.

¿Así que quién eres? ¿En qué crees y cómo vives? ¿Puedes superar la tentación, las pruebas y la persecución con tu identidad intacta? La cultura tratará de hundirte en su marea, pero Dios te invita a ser una persona que ya no se disculpa por quien es, que no está inseguro de lo que sabe que es verdad y ya no se esconde. Puedes ser firme.

COMPARTE LA HISTORIA

Daniel 2:20-22 "Y Daniel habló y dijo: Sea bendito el nombre de Dios de siglos en siglos, porque suyos son el poder y la sabiduría. El muda los tiempos y las edades; quita reyes, y pone reyes; da la sabiduría a los sabios, y la ciencia a los entendidos. Él revela lo profundo y lo escondido; conoce lo que está en tinieblas, y con Él mora la luz".

CAUTIVERIO: En el año 605 A.C., Nabucodonosor rey de Babilonia invadió Jerusalén, incautó artículos del templo y capturó a los jóvenes más brillantes y más fuertes de Jerusalén. Puso a los jóvenes, entre ellos Daniel y tres amigos, en un programa de entrenamiento de tres años para servir a la corte real de Babilonia. El programa era de tres años de lavado de cerebro, comenzaba dándole a los hombres nuevos nombres basados en dioses paganos. Daniel pasó a ser Beltsasar, y sus tres amigos se convirtieron en Sadrac, Mesac y Abednego.

Preguntas: ¿Buscaste una "educación superior"? ¿Tu nombre tiene alguna importancia?

EL AYUNO DE DANIEL: Daniel y sus amigos se negaron a "contaminarse ellos mismos" por comer la comida real que le daban a los jóvenes del programa. La Guardia estaba asustada de lo que haría el rey si supiese que comían una dieta diferente. Daniel propuso una prueba: él y sus amigos consumirían solamente vegetales y agua durante diez días para ver el efecto. Después de diez días, los cuatro hombres estaban mejor alimentados que los otros y les permitieron seguir su propia dieta.

Preguntas: ¿Alguna vez te has abstenido de ciertos alimentos? ¿Tu dieta afecta tu desempeño?

EL HORNO: Los cuatro amigos continúan destacándose entre los demás. Daniel estaba tan dotado para la interpretación de los sueños que el rey adoró al Dios de Daniel por un tiempo. Pero pronto, el rey creó una estatua de oro de sí mismo y ordenó a sus funcionarios a someterse a él. Cuando Sadrac, Mesac y Abed-nego se negaron, fueron lanzados en un horno ardiente. El rey miró en el horno y vio tres hombres jóvenes y al ángel del Señor caminando. Sacó a Sadrac, Mesac y Abednego fuera – – estaban completamente ilesos.

Preguntas: ¿Alguna vez has pasado por una prueba de fuego? ¿Crees que el Señor está presente durante tu prueba y que puede librarte de ella?

FOSO DE LOS LEONES: Daniel tuvo una experiencia similar con el nuevo rey persa, Darío. Daniel ignoró un decreto de que nadie podría orar a cualquier cosa que no fuese al rey y oró a Dios en su habitación como lo hacía normalmente. Cuando fue descubierto, le arrojaron al foso de los leones. Más tarde, Daniel dijo que Dios había enviado un ángel para cerrar las bocas de los leones. Él estaba ileso.

Preguntas: ¿Defenderías tus creencias hasta el punto de arriesgar tu vida? ¿Alguna vez has sido perseguido por tus creencias? ¿Crees que Dios puede rescatar a alguien de los leones hoy día?

NOTAS

48: LLEGA AL MUNDO

SAN MAT. 28:16-20; SAN MARCOS 16:15-18; SAN JUAN 20:21-23; HECHOS 1:3-8

EL TEMOR A LA COMISSIÓN

Algunas de las palabras de Jesús pueden ser a la vez familiares y aterradoras: "Por tanto, id, y haced discípulos a todas las naciones, bautizándolos en el nombre del Padre, y del Hijo, y del Espíritu Santo" (San Mateo 28: 19). Marcos lo dijo de esta manera: "Y les dijo: Id por todo el mundo y predicad el evangelio a toda criatura". (San Marcos 16:15). O en los hechos, está escrito: "Pero recibiréis poder, cuando haya venido sobre vosotros el Espíritu Santo, y me seréis testigos en Jerusalén, en toda Judea, en Samaria, y hasta lo último de la tierra". (Hechos 1:8).

Más y más maestros en la iglesia enfatizan que este mandato de ir a decirle al mundo acerca de Jesús (la Gran Misión) es para cada persona que esté en el cuerpo de Cristo.

Y esta pieza de información puede hacer que a muchos de nosotros se nos acelere el corazón, o que nos hacen caer en la negación. ¿Por qué? El hacer discípulos, predicar el Evangelio y ser testigos de Jesús implica uno de los gran miedos cristianos: compartir nuestra fe (o la "palabra que empieza con la "E," el evangelismo). El evangelismo nos hace vulnerables, y nuestra fe puede ser vista por los de fuera como un deseo precario e infantil; muchos se la burlan. Naturalmente, no estamos deseosos de exponernos totalmente al mundo.

Pero ahí está, el gran mandato de Jesús antes de irse del planeta. Ve y dile a todo el mundo sobre mí y la increíble vida que pueden tener. Ya que no podemos mantener el evangelio un secreto..., pues, tenemos que hacer algo con nuestro miedo.

En primer lugar seamos sinceros. Lo que tememos es el rechazo... las reacciones de la gente. En última instancia, tenemos miedo de la gente a la que estamos llamados a testificar al Señor. Y tememos que no lo haremos bien. El evangelismo parece ser una táctica específica realizada por gente especial, y sentimos que no podremos lograrlo.

Por nuestro miedo al rechazo, necesitamos una perspectiva diferente. Las personas a las que tememos están muriendo de hambre de Dios... aunque parezcan felices, ricos, seguros de sí mismos y envidiables. En realidad, viven en este mundo oscuro desprovisto de una relación con Dios, su padre. Sobreviven sin el Espíritu Santo. No tienen posibilidades del futuro que viene del Salvador. Están muriendo de hambre – – y tenemos comida para los hambrientos. Sin embargo, tememos darles de comer.

Necesitamos ánimo para enfrentarnos a nuestro miedo de ser inadecuados. El evangelio no llega en empaques específicos, o con rollo publicitario de mal gusto. Hacer discípulos, predicar el evangelio y ser un testigo solo nos obliga a decir auténticamente quién es Jesús y lo que Él ha hecho por nosotros, desde nuestra propia experiencia con Jesús. No es una actuación sino es auténtico.

La verdad es que no hacemos discípulos por nuestro propio poder. Sólo obedecemos y abrimos nuestra boca. Cuando analizamos nuestro miedo y comenzamos a enfrentar a los incrédulos (quienes son como niños hambrientos del pan de Dios) y cuando nos damos cuenta que nuestra historia es todo lo que necesitamos contar, podemos unirnos a lo que la iglesia ha hecho, a lo largo de los años, que es cumplir con el llamado más grande que la humanidad haya conocido: la Gran Comisión.

COMPARTE LA HISTORIA

San Mateo 28:18-20 De cierto os digo que todo lo que atéis en la tierra, será atado en el cielo; y todo lo que desatéis en la tierra, será desatado en el cielo. Otra vez os digo, que si dos de vosotros se pusieren de acuerdo en la tierra acerca de cualquiera cosa que pidieren, les será hecho por mi Padre que está en los cielos. Porque donde están dos o tres congregados en mi nombre, allí estoy yo en medio de ellos.

AUTORIDAD: Jesús se reunió con sus discípulos en Galilea, en una montaña, para darles las instrucciones para el futuro. Comenzó diciéndoles que toda autoridad en el cielo y la tierra se le había dado. En otras palabras, puesto que Él había dado su vida en la cruz y resucitó de entre los muertos, se había convertido en rey de toda la creación. Ahora, Jesús comparte Su autoridad para conceder el perdón de los pecados, para hablar otras lenguas, sanar a los enfermos y sobrevivir eventos peligrosos.

Preguntas: ¿Quién crees que tiene la posición de mayor autoridad en el mundo? ¿Crees que los cristianos tienen poder?

ID: Jesús mandó a sus discípulos "Id y haced discípulos a todas las naciones" y " Id por todo el mundo y predicad el evangelio a toda criatura". Él los llamó para ser sus testigos en Jerusalén y hasta los confines de la tierra. Esto refleja la intención original de Dios con la creación del mundo para que sus hijos llenasen la tierra.

Preguntas: ¿Alguna vez has compartido tu fe – – en tu propia ciudad, en tu propio país, en un país vecino o en algún lugar al otro lado del mundo?

BAUTIZAR: El mandato de hacer discípulos es definido por dos acciones específicas. La primera acción es el bautismo: los discípulos de Cristo tienen que ser bautizados y tienen que bautizar a nuevos creyentes. En la montaña en Galilea, Jesús les dijo a sus seguidores que los nuevos discípulos debían ser bautizados "en el nombre del Padre, del Hijo y del Espíritu Santo". Juan el Bautista había usado el bautismo como medio de llamar a la gente al arrepentimiento. Por medio de Cristo, se ha revelado la triple naturaleza de Dios (la Trinidad). Quienes creen en el mensaje, estén unidos a Dios en Su Trinidad: Dios Padre, Jesús el hijo y el Espíritu Santo.

Preguntas: ¿Por qué se bautizan las personas en el nombre del Padre, del Hijo y del Espíritu Santo?

ENSEÑAR: La segunda acción del mandato es enseñar a los nuevos creyentes a obedecer todo lo que Jesús ha enseñado. Varias veces, Jesús dice que un verdadero seguidor obedece sus mandamientos y sigue sus enseñanzas. Los once discípulos originales pasaron a compartir las enseñanzas de Cristo con los nuevos creyentes, quienes lo pasaron a la siguiente generación, que también lo siguen pasando. Un creyente se convierte en un discípulo, es bautizado, aprende a obedecer y luego pasa el mensaje a otros.

Preguntas: ¿Cuál es la forma más fácil de enseñar algo? ¿Qué significa ser un seguidor de Cristo?

NOTAS

49: ESTER

LIBRO DE ESTER

LA GENTE NO ES DESECHABLE

Ester no nació con una vida de poder e influencia. De hecho, su vida era aparentemente desafortunada — una judía, una mujer, una niña huérfana que vivía en las tierras de Persia. Pero esta mujer sin prestigio ninguno se levantó para convertirse en reina del Imperio. Y como reina, ella se convirtió en una heroína.

Por otra parte, el rey Jerjes había nacido poderoso y podía hacer con la gente lo que quería. Cuando su reina original, Vasti, se negó a mostrar su belleza en su fiesta, se libró de ella y buscó entre docenas de hermosas jóvenes vírgenes para elegir a su nueva reina.

Cuando Ester se elevó a la posición de reina basada en su belleza y en el favor del rey, las otras mujeres estuvieron condenadas a vidas vacías como concubinas en el harén del rey, sujetas a los caprichos del rey. Tal como Vasti, eran desechables.

Poco después de que Ester se convirtiese en reina, Amán, noble del rey, sugirió que toda una raza de personas que vivían en Persia, los judíos, debían morir porque eran "diferentes" y la vida sería mejor sin ellos. Jerjes no sabía que Ester era judía, así que sin pensarlo mucho, accedió a la masacre de los judíos. Amán utilizó un sorteo para elegir la fecha de la masacre.

Pero Dios tenía su instrumento listo para intervenir en este holocausto antes de que llegase ese día del calendario. Ester, la mujer judía y huérfana que vivía en el palacio real, sabía del terrible riesgo que corría al pedirle a Jerjes que perdonase a su pueblo. Se arriesgó y fue al encuentro del rey sin invitación para abogar por su gente. Y ella prevaleció. Ella salvó a los judíos.

Dios usó a la más débil para salvar a los que otros habían considerado desechables.

En el Nuevo Testamento, Pablo escribió, "Ya no hay judío ni griego; no hay esclavo ni libre; no hay varón ni mujer; porque todos vosotros sois uno en Cristo Jesús" (Gálatas 3:28). La historia de Ester predijo lo que la salvación de Cristo sellaría para siempre — las mujeres son tan honradas como los hombres, todas las razas son igualmente valoradas y todas las personas encuentran valor en Él. Nadie es desechable.

Sólo unas pocas realmente nacen con el poder, la belleza o la influencia que de ventaja en la sociedad. La mayoría de nosotros tenemos las probabilidades en contra nuestra desde el principio. Pero Dios no valora a las personas de la forma en que lo hacemos nosotros. Si eres la persona que ha sido desestimada, de la que no se espera nada – – restablece tu escala de valor. Eres muy honrado por Dios, y Él hará grandes cosas a partir de ti.

COMPARTE LA HISTORIA

Ester 4:14 "Porque si callas absolutamente en este tiempo, respiro y liberación vendrán de alguna otra parte para los judíos; más tú y la casa de tu padre pereceréis. ¿Y quién sabe si para esta hora has llegado al reino?"

LA REINA ESTER: Después de la época de Daniel, los judíos fueron liberados de su cautiverio para volver a Jerusalén. Pero muchos se quedaron en Persia y construyeron sus casas allí. Entre los judíos que vivían en Persia estaba Ester, huérfana, y su primo Mardoqueo, quien la crió. El rey Jerjes gobernó Persia en ese tiempo y desterró a su reina, Vasti, cuando ella le desagradó. Se buscó en el reino a vírgenes hermosas, jóvenes que competirían por ocupar el lugar de Vasti como reina. Ester consiguió el favor del rey y se convirtió en reina. Ella no le dijo que era judía.

Pregunta: ¿Qué tipo de confianza en sí mismo se necesitaría para competir por la atención del rey

MARDOQUEO Y EL MALVADO AMÁN: El rey Jerjes nombró a Amán el Agagueo como su nuevo alto funcionario. El primo de Ester, Mardoqueo, había honrado al rey, pero se negó a inclinarse ante Amán. Mardoqueo expuso incluso un complot de asesinato en contra de la vida del rey. Pero Amán odiaba a Mardoqueo y planeó matarlo y a todo su pueblo a través del imperio, y el rey aceptó su plan. Se determinó una fecha a menos de un año para la exterminación de los judíos.

Pregunta: ¿Alguna vez has visto o experimentado prejuicio extremo?

UN TIEMPO COMO ESTE: Mardoqueo descubrió el plan de Amán y se afligió amargamente. Le dijo a Ester que dependía de ella el detener el plan. Ester sabía que lo que Mardoqueo le pedía era arriesgado, porque cada persona cualquiera que se acercaba al rey sin haber sido citada podría ser asesinada. Mardoqueo le recordó a Ester que si no hacía nada, ella y su familia morirían. Más importante aún, Mardoqueo dijo que tal vez Ester se hizo reina sólo con ese propósito – – el de salvar a su pueblo del exterminio. Con los judíos orando por ella, Ester se acercó al rey que aceptó su presencia. Ester los invitó a él y a Amán a un banquete especial. En el banquete, invitó al rey y a Amán a otro banquete.

Preguntas: ¿Por qué arriesgarías su vida? ¿Es posible que Dios te tenga en una determinada posición para que cumplas un propósito específico?

PURIM: El día del segundo banquete, Amán planeó matar a Mardoqueo. Pero el rey eligió ese día para honrar a Mardoqueo por haber salvado su vida anteriormente. El rey ordenó a Amán que honrase a Mardoqueo ante toda la ciudad, sin intención de humillar a Amán. Más tarde, en el banquete, Ester pidió al rey que la perdonase a ella y a su gente de ser aniquilados. El rey preguntó quién querría matar a Ester y a su pueblo, y señaló a Amán. Furioso, el rey hizo que colgaran a Amán de la horca que Amán había preparado para Mardoqueo. Y el rey publicó un edicto que permitía a los judíos defenderse de sus enemigos el día que iban a morir, salvando así sus vidas. Una nueva fiesta llamada Purim se instituyó para celebrar el día en que los judíos se salvaron.

Preguntas: ¿Cómo crees que el pueblo judío ha sobrevivido contra viento y marea? Si pudieses hacer una petición al Presidente, ¿cuál sería?

NOTAS

50: JESÚS ASCIENDE

HECHOS 1:3-14

NOVIO O LADRÓN

Todo el universo caminaba hacia un gran y espectacular final: el regreso de Cristo. También llamado el día del Señor, es el momento cuando cada persona, lugar y cosa se inclinará a la vista del rey que regresa a su creación. Todas estas excusas se convertirán en cenizas y toda perseverancia dará paso al alivio. Él vendrá por cada uno de nosotros, ya sea como un ladrón aterrador o un novio lleno de alegría.

Y este momento final del universo cuando la cortina bajará en tiempo y espacio se acerca. He aquí yo vengo pronto, y mi galardón conmigo, para recompensar a cada uno según sea su obra. (El Apocalipsis 22:12). El anuncio de las trompetas de la venida del Señor anunciará o la mejor o la peor noticia posible, dependiendo del estado de nuestros corazones. Los fieles se deleitarán en la presencia de aquel a quien ellos han amado, mientras que los incrédulos temblarán y sabrán que pagarán por su rechazo al Señor.

Después de la resurrección de Jesús, los discípulos no entendían que debía dejar la tierra por un tiempo y que volvería más adelante lleno de poder. En su última reunión con ellos los discípulos anticipó el comienzo del reinado y le preguntaron a Jesús: Entonces los que se habían reunido le preguntaron, diciendo: Señor, ¿restaurarás el reino a Israel en este tiempo? (Hechos 1:6) Pero no conocían el tiempo de Dios y todavía tenían trabajo que hacer antes de su regreso. Entonces, Él les dejó, elevándose al cielo. Dos ángeles estaban parados al lado de los desconcertados viendo a su Señor ascender, " Varones galileos, ¿por qué estáis mirando al cielo? Este mismo Jesús, que ha sido tomado de vosotros al cielo, así vendrá como le habéis visto ir al cielo". (Hechos 1:11).

Desde el momento de su ascensión, los seguidores de Jesús han proclamado fielmente su regreso inminente a aquellos con quienes compartieron el mensaje de salvación. Nadie tiene toda la eternidad para tomar una decisión acerca de Jesús. No se trata de servirle cuando sea mayor, o cuando esté más establecido. ¡No, él está en camino! Dependemos del tiempo, y sólo el Padre sabe la hora y la fecha del regreso de Cristo. Simplemente nos anticipamos como lo hicieron los discípulos ansiosos. Hoy podría ser el día en que Jesús vuelva y establezca el reino.

Si esto nos excita, podría motivarnos a morar con Cristo diariamente. Si esto nos causa miedo, puede motivarnos a caer de rodillas ante Dios en arrepentimiento. Nos inclinaremos en el futuro – – el peso de su majestad y su poder nos hará ponernos de rodillas. Pero no todos celebrarán. Sabremos si estamos listos para Él o si hemos desperdiciado toda una vida.

La advertencia: "Porque vosotros sabéis perfectamente que el día del Señor vendrá así como ladrón en la noche" (1 Tesalonicenses 5:2).

La mayor noticia de todos los tiempos: "¡Aquí viene el esposo; salid a recibirle!"(Mateo 25:6).

La realidad es la misma. ¿Cómo será tu experiencia? ¿Estarás preparada para el novio o serás sorprendida por el ladrón?

COMPARTE LA HISTORIA

Hechos 1:8 Pero recibiréis poder, cuando haya venido sobre vosotros el Espíritu Santo, y me seréis testigos en Jerusalén, en toda Judea, en Samaria, y hasta lo último de la tierra.

Hechos 1:11 los cuales también les dijeron: Varones galileos, ¿por qué estáis mirando al cielo? Este mismo Jesús, que ha sido tomado de vosotros al cielo, así vendrá como le habéis visto ir al cielo.

¿ES EL MOMENTO?: Después de su resurrección, Jesús apareció a Sus discípulos durante cuarenta días. Él dijo a Sus discípulos que esperasen en Jerusalén hasta que el Espíritu Santo viniese. Preguntándose si esto ocurriría cuando Israel fuese salvado de Roma, preguntaron, "Señor, ¿Es este el momento en que vas a restaurar el reino a Israel?" Jesús les dijo que sólo Dios sabía cuál era el momento para eso. Debían enfocarse en el cumplimiento del gran mandato.

Preguntas: ¿Tiendes a ser una persona paciente o impaciente? ¿Cómo te sientes cuando alguien te dice que tienes que esperar?

ASCENSIÓN: Desde el Monte de los olivos, Jesús fue elevado al cielo y una nube lo cubrió. Tal como dijo, Jesús volvió a la diestra de su padre.

Preguntas: ¿Has tenido que mirar la despedida de alguien a quien amas? ¿Dónde está Jesús ahora mismo?

REGRESO: Después de que Jesús se fue, los discípulos continuaron mirando hacia el cielo. Dos ángeles aparecieron y les dijeron que Jesús regresaría de la misma manera en que se fue. A lo largo de las Escrituras está la promesa de que Jesús regresará cuando nadie lo espere. Aparecerá repentinamente – – para alegría de sus seguidores y en detrimento de los incrédulos.

Preguntas: ¿Crees que Jesús va a volver? ¿Alguien sabe cuándo regresará Jesús?

INTERCESIÓN + ESPERA: Los discípulos dejaron el Monte de los Olivos y subieron a la sala superior donde oraban continuamente. Según las instrucciones de Jesús, esperaban a que el Espíritu Santo viniese. Y mientras oraban, Jesús intercedió por ellos en el cielo. Como "el gran sumo sacerdote que traspasó los cielos," Jesús siempre está intercediendo por su pueblo.

Preguntas: ¿Con qué frecuencia oras? ¿Sabías que Jesús ora por ti? ¿Sigues bien llas instrucciones?

El Apocalipsis 1:7 He aquí que viene con las nubes, y todo ojo le verá, y los que le traspasaron; y todos los linajes de la tierra harán lamentación por él. Sí, amén.

NOTAS

51: NEHEMÍAS

NEHEMÍAS 1-8

¿CÓMO ES LA RECONSTRUCCIÓN?

Después de años de cautiverio babilónico, los judíos regresaron a Jerusalén. Pero el paisaje estaba lleno de escombros, el muro de la ciudad estaba derruido, las puertas quemadas, y la estructura de la ciudad destruida. Nehemías, un judío que permaneció en el exilio sirviendo al rey de Persia, se enteró de la noticia de la destrucción de su ciudad natal. La noticia le causó un severo estrés, y lloró, ayunó y oró durante muchos días.

¿Por qué estaba él tan perturbado? ¡Jerusalén pertenecía a los judíos otra vez! Ellos estaban en casa. ¿Por qué eran tan importantes un muro derruido y puertas quemadas? De lo que Nehemías se había dado cuenta era de que Jerusalén, sin su protección de paredes y puertas, estaba totalmente expuesta, abierta al enemigo y sin límites o definición. Jerusalén estaba habitada, pero indefensa – – el enemigo tenía libre acceso a ella. Desde la distante capital persa, en medio de lágrimas, Nehemías comenzó el proceso de reconstrucción.

Nehemías nos muestra que la reconstrucción comienza con arrepentimiento. Nehemías clama a Dios y confiesa los pecados que su pueblo y que él mismo habían cometido. Él sabía que la destrucción de Jerusalén fue un efecto directo de la rebelión de los judíos contra Dios, y él era tan responsable como el resto.

Cuando Nehemías recibió el permiso del rey persa para ir de vuelta a Jerusalén, llegó y evaluó los daños, haciendo un inventario de cada sección dañada del muro. Luego, él explicó lo que sería necesario para reconstruir las paredes — todos en la ciudad debían participar, necesitaban asumir la responsabilidad de sus propias secciones. En la medida en que el muro crecía y la ciudad se hacía más fuerte, la oposición del enemigo también creció. Lo que comenzó como una burla se convirtió en amenazas reales de violencia por parte de los dirigentes de las naciones circundantes. Los constructores aprendieron a manejar sus armas y a defender su trabajo, mientras trabajaban en el muro. Nehemías animó al pueblo a tener una confianza pura en que Dios pelearía por ellos.

A la vergüenza de sus enemigos, el poder de Dios permitió a los judíos reconstruir los muros de Jerusalén en sólo 52 días. Nehemías nombró supervisores estratégicos para que siguiesen protegiendo la ciudad atentamente. Después de la victoria la gente adoró y alabó a Dios con alegría.

Nehemías reconstruyó una ciudad, pero también reveló cómo podemos reconstruir nuestras vidas. Independiente de si hemos conocido a Dios por un corto tiempo, por mucho tiempo, o nunca, nos encontramos con nuestras vidas en ruinas. La historia de Nehemías no sólo ofrece esperanza, sino un proceso para la reparación total. Empezamos de rodillas en medio de la admisión honesta y el arrepentimiento. Evaluamos los daños. Nos damos cuenta de que la reconstrucción nunca funcionaría a menos que llegasen otros a ayudarnos, y que debemos ser responsables de lo que nos corresponde. Enfrentamos la oposición y aprendemos a luchar contra la mentira y las amenazas. Nada se logra sin el poder de Dios, y seguimos reconstruyendo con una confianza infantil, así vemos los resultados. Nos completamos y aprendemos a proteger la obra de Dios vigilándola. Finalmente, el proceso de reconstrucción resulta en alegre alabanza. Nosotros podemos reconstruir, y empezamos de rodillas.

COMPARTE LA HISTORIA

Nehemías 8:9-10 "...Día santo es a Jehová nuestro Dios; no os entristezcáis, ni lloréis;... Id, comed grosuras, y bebed vino dulce, y enviad porciones a los que no tienen nada preparado; porque día santo es a nuestro Señor; no os entristezcáis, porque el gozo de Jehová es vuestra fuerza".

RUINAS EN JERUSALÉN: Nehemías era un judío que estaba en Persia 30 años después de que Ester fuese reina y sirvió como copero del rey Artajerjes. Escuchó informes de que la gente de Jerusalén había caído en desgracia y los muros y las puertas de la ciudad estaban en ruinas. Llorando de dolor, Nehemías ayunó, oró y confesó sus pecados y los pecados de su pueblo al Señor. Sabía que la desgracia de Jerusalén se debía a que los judíos habían vuelto la espalda a Dios.

Preguntas: ¿Cómo te sientes cuando tienes malas noticias? ¿Estás sufriendo por personas que están muy lejos?

EL PROYECTO DE CONSTRUCCIÓN: El rey Artajerjes había notado el dolor de Nehemías, y le permitió ir a Jerusalén y reconstruir su muro e incluso proporcionó suministros para el proyecto. En Jerusalén, Nehemías revisó el muro y luego se unió al pueblo para reconstruir la ciudad. Los judíos se unieron en el trabajo, cada grupo asumió su propia sección del muro.

Preguntas: ¿Alguna vez has formado parte de un equipo exitoso? ¿Por qué tuvo éxito?

LOS ENEMIGOS: El proyecto de construcción tuvo oposición de dirigentes políticos de la región, en particular Sanbalat, Tobías y Gesem. Ellos se burlaron de los esfuerzos de reconstruir Jerusalén. Pero cuando se veía el progreso, organizaron sus fuerzas para atacar. En respuesta, mitad de los judíos hicieron guardia mientras la otra mitad trabajaba. Los artesanos trabajaban con una mano mientras con la otra sostenían el arma. Nehemías le dijo a la gente que no tuviesen miedo porque el Señor pelearía por ellos. La gente siguió trabajando con todo su corazón.

Preguntas: ¿Cómo reaccionas cuando alguien se burla de ti o de tu trabajo? ¿Trabajas con una mano y sujetas el arma con la otra?

RECONSTRUIDO: A pesar de los intentos de los enemigos, Nehemías superó sus tácticas. Con la ayuda de Dios, los muros de Jerusalén fueron construidos en sólo 52 días. Las naciones circundantes reconocieron que Dios había ayudado a los judíos. Tras el trabajo, las familias de Jerusalén fueron registradas y luego se reunieron para escuchar a Esdras el escribano y a los sacerdotes leer el libro de la ley. Los sacerdotes explicaron lo que significaba la Palabra, y la gente lloró al comprenderla. Cuando Nehemías les dijo que "el gozo de Jehová es vuestra fuerza", el pueblo celebró lo que Dios había hecho.

Preguntas: ¿Qué significa "el gozo de Jehová es vuestra fuerza"? ¿Dónde está tu fuerza?

Isaías 61:4 "Reedificarán las ruinas antiguas, y levantarán los asolamientos primeros, y restaurarán las ciudades arruinadas, los escombros de muchas generaciones".

NOTAS

52: EL ESPÍRITU SANTO DESCIENDE

HECHOS 2:1-21, 38-47

PODER A LOS IMPOTENTES

Entre el momento de la ascensión de Jesús y el día de su regreso es la gran época en que el Espíritu Santo está obrando en el pueblo de Dios. Este es nuestro tiempo, y es el período más emocionante en la historia.

Los profetas siempre esperaban el día cuando Dios vertería su espíritu sobre todos. Ezequiel escribió acerca del día en que Dios respiraría sobre huesos secos. Antes de que Jesús se fuese al cielo, él dijo, "Pero recibiréis poder, cuando haya venido sobre vosotros el Espíritu Santo..." (Hechos 1:8).

Los discípulos se quedaron para esperar esta misteriosa transacción, cuando el poder de Dios les llenaría. Llegó el día en el festival de Pentecostés, cuando los judíos recordaban a Dios entregando la ley a Moisés en el Monte Sinaí. Y el espíritu descendió como una poderosa tormenta sobre los hombres que habían visto a Jesús después de su muerte: "y se les aparecieron lenguas repartidas, como de fuego, asentándose sobre cada uno de ellos. Y fueron todos llenos del Espíritu Santo, y comenzaron a hablar en otras lenguas, según el Espíritu les decía que hablasen". (Hechos 2:3-4)

Este momento cambió para siempre la vida en la tierra, cuando personas comunes y corrientes se convirtieron en portadores de Dios mismo. La ley que vino del Sinaí suscitó una celebración, aunque trajo muerte. El espíritu que vino sobre estos hombres trajo vida.

Los hombres fueron transformados instantáneamente y Pedro predicó su primer sermón a las 3.000 personas que se arrepintieron de sus pecados y creían que Jesús era Mesías y Señor. Desde entonces encendido, los creyentes tuvieron mayor poder, sanando a los enfermos, haciendo milagros y conduciendo a la gente a la fe. Pero algunos se olvidaron que el poder provenía de Dios. Jesús no ha llamado a sus seguidores para que hagan cualquier cosa por su propia cuenta. Él dijo a sus discípulos que recibirían un poder que era un regalo de Dios. No tenemos ninguno poder propio – – Romanos 5:6 dice que Jesús vino a morir por los impíos. Debemos admitir que estamos indefensos en todos los sentidos sin Él y que seperado de Él, "nada podemos hacer" (Juan 15:5). Sin embargo, muchos de nosotros hemos sentido el dolor que significa trabajar desde nuestra propia fuerza ilusoria, apartándonos del poder de Dios y haciendo todo a solas.

Pablo escribió que no podemos conocer a Dios, salvarnos a nosotros mismos, dejar de pecar, heredar el Reino de Dios ni encontrar el poder para cambiar nada. Somos recipientes vacíos: "Pero tenemos este tesoro en vasos de barro, para que la excelencia del poder sea de Dios, y no de nosotros" (2 Corintios 4:7). Vivir y compartir el reino no son cosas que hacemos nosotros mismos – – lo hace el Espíritu Santo actuando a través de nosotros. Los creyentes esperaban Pentecostés, y Dios actuó. Como en Pentecostés, sólo tenemos que aparecer y decir que sí – – sí, a su poder, sí con las manos abiertas y sí sin pretextos de nuestro propio poder. Cuando Dios vierte en nosotros, ilumina el mundo y los seres humanos se resucitarán de entre los muertos.

La historia de Dios no se ha terminado, y todavía podemos asociarnos con Él en nuestro mundo. Si nos basamos en nuestro poder, sólo fallamos y nos decepcionamos. El Espíritu Santo da poder a los que están vacíos y dispuestos a recibir. ¿Estarías dispuesto a unirte a los débiles para ser usado por Dios?

COMPARTE LA HISTORIA

Hechos 2:17,21 'Y en los postreros días, dice Dios, Derramaré de mi Espíritu sobre toda carne, Y vuestros hijos y vuestras hijas profetizarán; Vuestros jóvenes verán visiones, Y vuestros ancianos soñarán sueños;... Y todo aquel que invocare el nombre del Señor, será salvo.

LLENOS DEL ESPÍRITU: Después de la ascensión de Jesús, sus seguidores esperaron en Jerusalén al prometido Espíritu Santo quien les daría el poder que necesitaban para cumplir el mandato de Jesús de ser testigos para todo el mundo. En el día de Pentecostés, el Espíritu cayó sobre ellos mientras esperaban en una casa juntos. La casa se llenó con el sonido de un fuerte viento que acometió y lo que parecía lenguas de fuego divididas descansaban sobre cada persona. Ellos comenzaron a hablar en nuevas lenguas, y muchos judíos que estaban en Jerusalén para la fiesta oyeron la Palabra de Dios hablada en su lengua materna. La mayoría se sorprendió, pero algunos decían que estaban borrachos.

Preguntas: ¿Has escuchado de alguien que haya hablado un idioma que no conoce? ¿Sabes cómo Dios dio el Espíritu Santo a los primeros cristianos?

PROFECÍA, SUEÑOS Y SIGNOS: A través del ruido de hablar en lenguas, Pedro predicó su primer sermón, citando al profeta Joel, del Antiguo Testamento, quien dijo que Dios derramaría su Espíritu en los últimos días y llevaría tanto a hombres como a mujeres a profetizar, ver visiones y soñar sueños. Dijo que otros signos sobrenaturales señalarían el día del juicio. Lo que sucedió en Pentecostés cumplió la profecía y fue el comienzo de los últimos días.

Preguntas: ¿Has tenido una visión espiritual o un sueño? ¿Crees que vivimos en los últimos días?

RECEPCIÓN: Una vez que Pedro explicó a los hombres hablando en lenguas, dijo a la multitud que el hombre que crucificaron era realmente el Mesías, que murió pero resucitó a la vida y ahora está sentado a la diestra de Dios como Señor sobre todas las cosas. Cuando la gente le preguntó qué debían hacer, Pedro les dijo que se arrepintiesen de su incredulidad, se bautizasen y recibiesen al Espíritu Santo.

Pregunta: ¿Jesús sentado a la diestra de Dios cambia la forma en que vives?

EL CUERPO DE CRISTO: Pedro le rogo a la gente para que se salvase, y 3.000 aceptaron el mensaje y fueron bautizados. Los creyentes formaron una comunidad cercana, pasaban tiempo juntos en el templo cada día, aprendían de los apóstoles, oraban y compartían las comidas. Compartían sus posesiones y pasaban un tiempo en las casas de los otros. Estaban llenos de alegría y siempre alababan a Dios. Diariamente, más gente creía. Los seguidores de Jesús, llenos del Espíritu de Dios, actuaban como el Cuerpo de Cristo viviendo en el mundoy hacían la obra de Cristo a través de su poder.

Preguntas: ¿Dirías que eres parte de una comunidad cercana? ¿Sabes cuáles son tus dones y cuál es tu propósito en el mundo?

NOTAS

En El Comienzo (Génesis 1-2) < Alpha • Omega >

 A Dios le gusta

 **Ben Freedman** ¡Guau-esto me hace abrir los ojos! ¡Sin duda comida para el pensamiento!
1 de enero a las 12:00 am

Escribe un comentario...

Nacimiento De Jesús

The Tower of Babel

Génesis 11:1-9

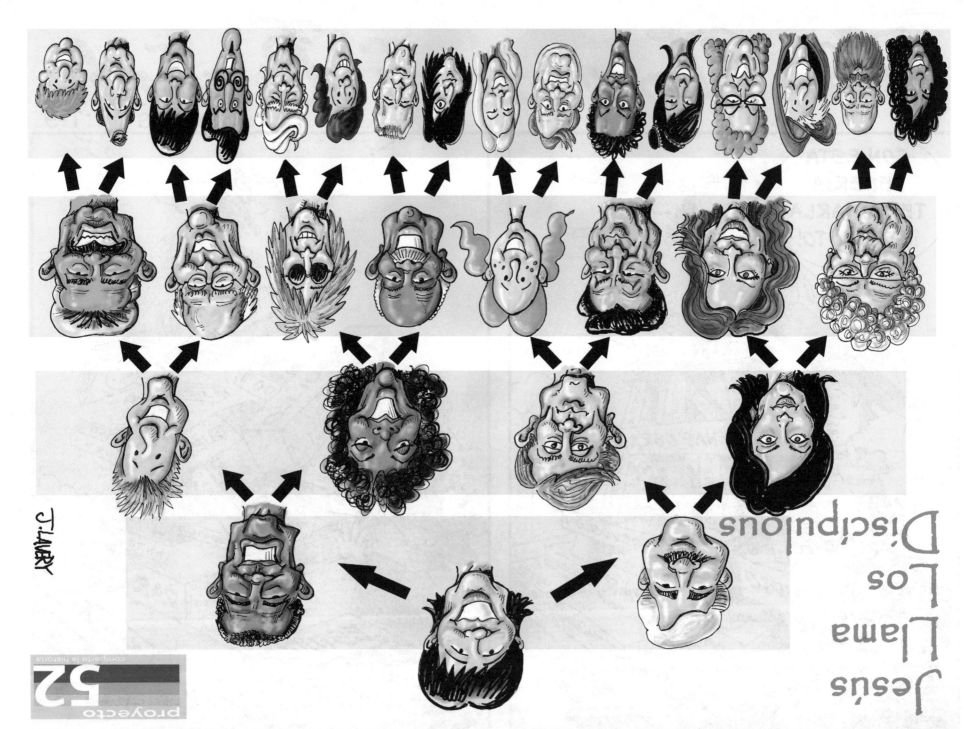

8: Jesús Llama a los Discípulos

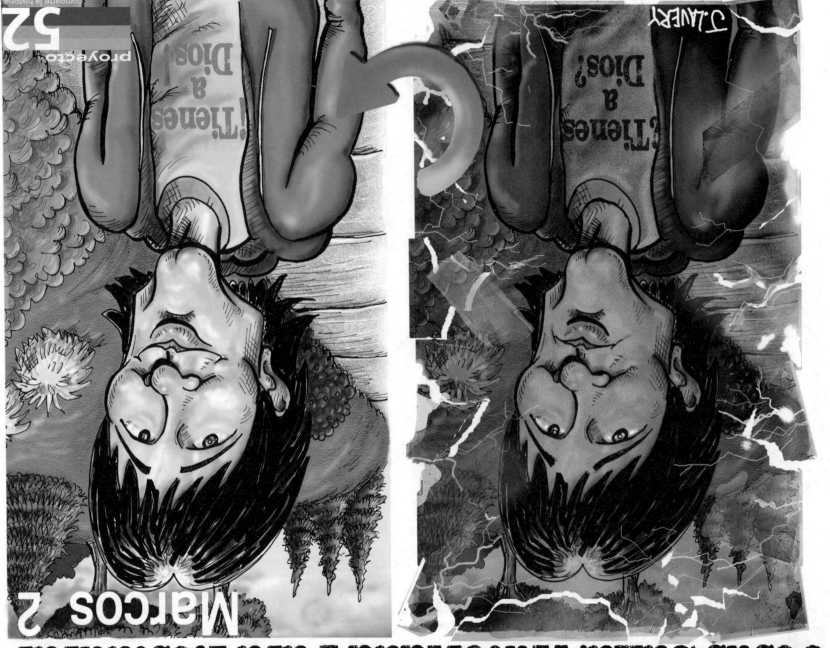

J.AVERY

¿Tienes a Dios?

Marcos 2

Jesús Sana: Autoridad Para Restaurar

El Segundo Nacimiento

Juan 3:3

¡SE TE ACABO EL TIEMPO!

EL ENCUENTRO DE JACOBO
¿YA ESTÁS LISTO PARA RENDIRTE?
Génesis 32
J. LAVERY
proyecto 52
comparte la historia

Agua Viva

Una Botella. Nunca Sed. Nunca

NUNCA

Juan 4

TORMENTA ACALLADA:

MIEDO, FE, Y EL PODER DE JESÚS

Marcos 4:35-41

J.LAVERY

16: Tormenta Acallada

Jesús
Llama
Los
Discípulous

proyecto
52
comparte la historia

J. LAVERY

El Llamado De Abraham

Génesis 12

J. LAVERY

Jesús Sana: Autoridad Para Restaurar

Marcos 2

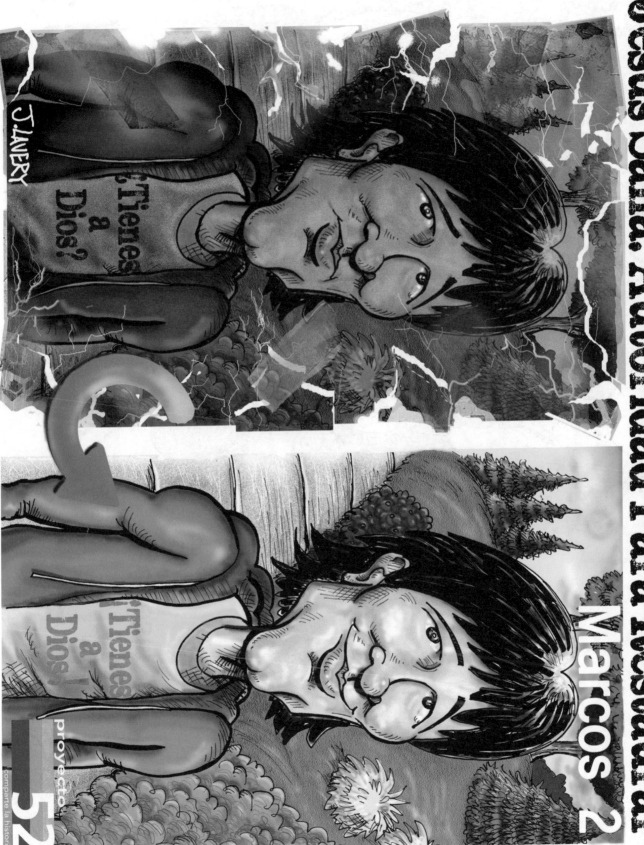

El Segundo Nacimiento

Juan 3:3

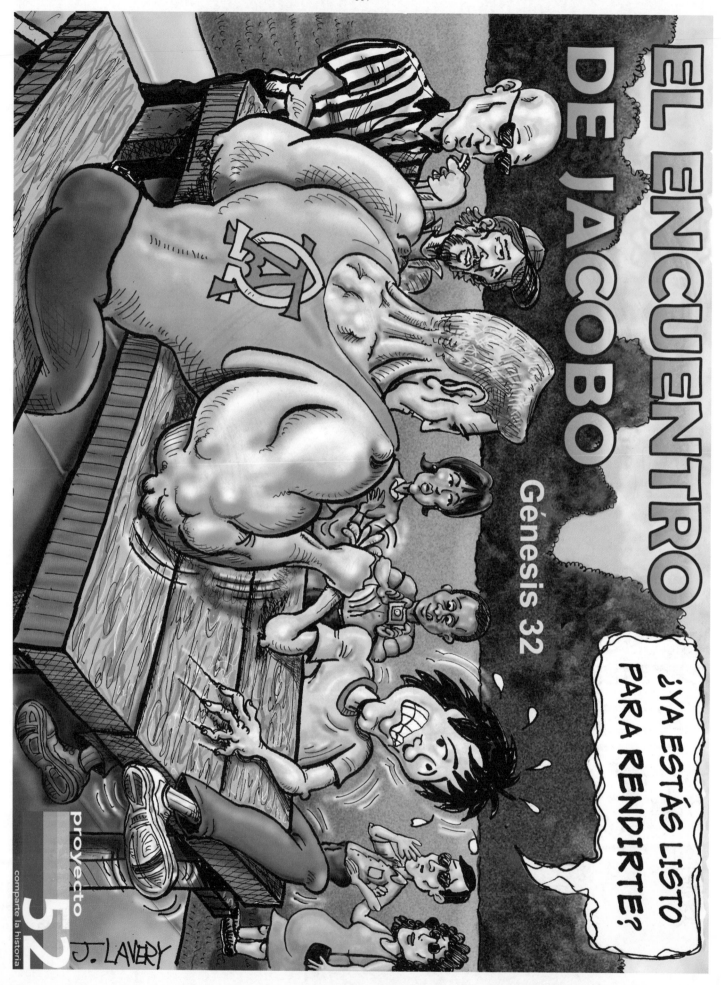

Agua Viva

Juan 4

Una
Botella.
Nunca
Sed.

NUNCA

proyecto 52
comparte la historia

J. LAVERY

José

Génesis 37-50

J.LAVERY